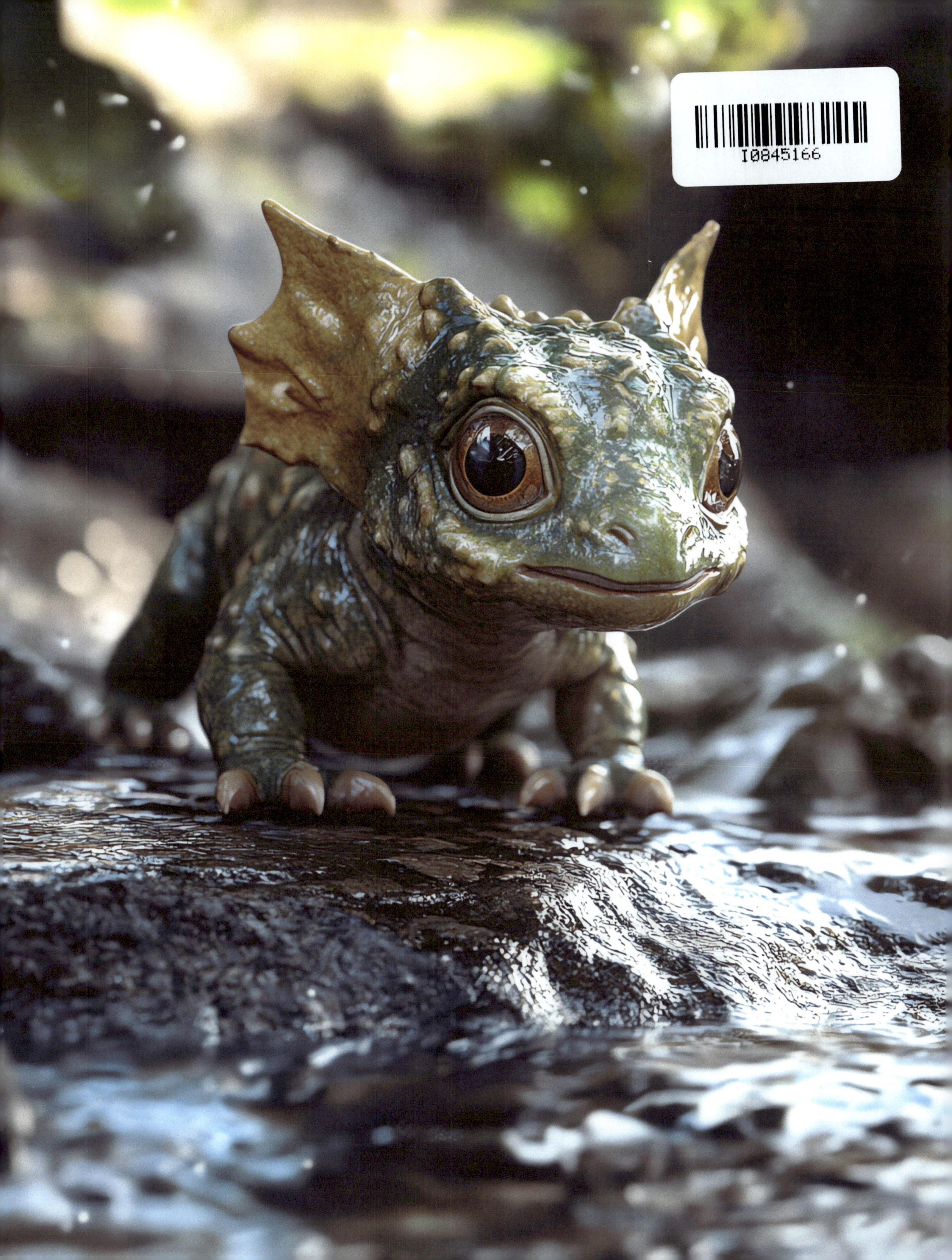
I0845166

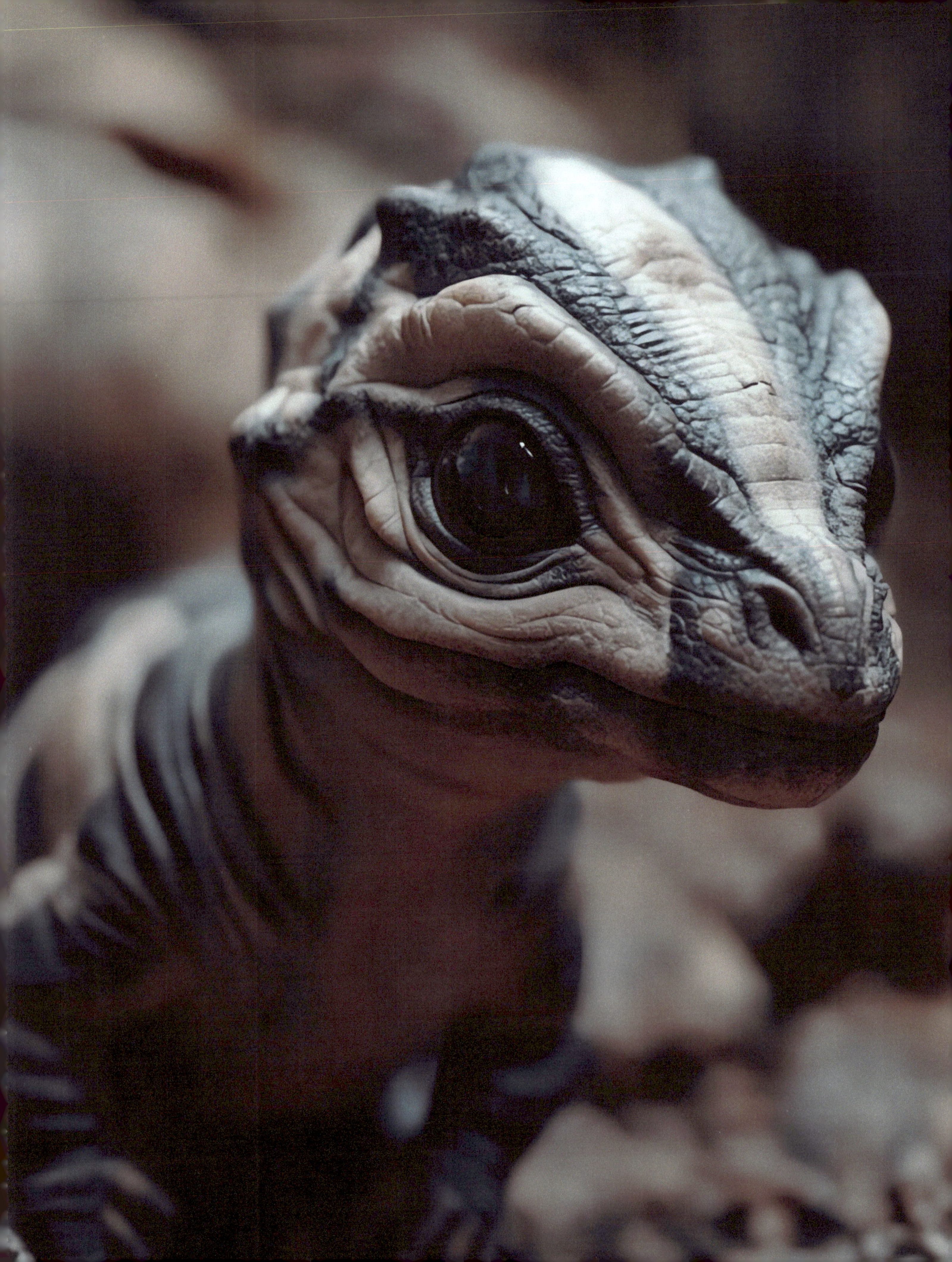

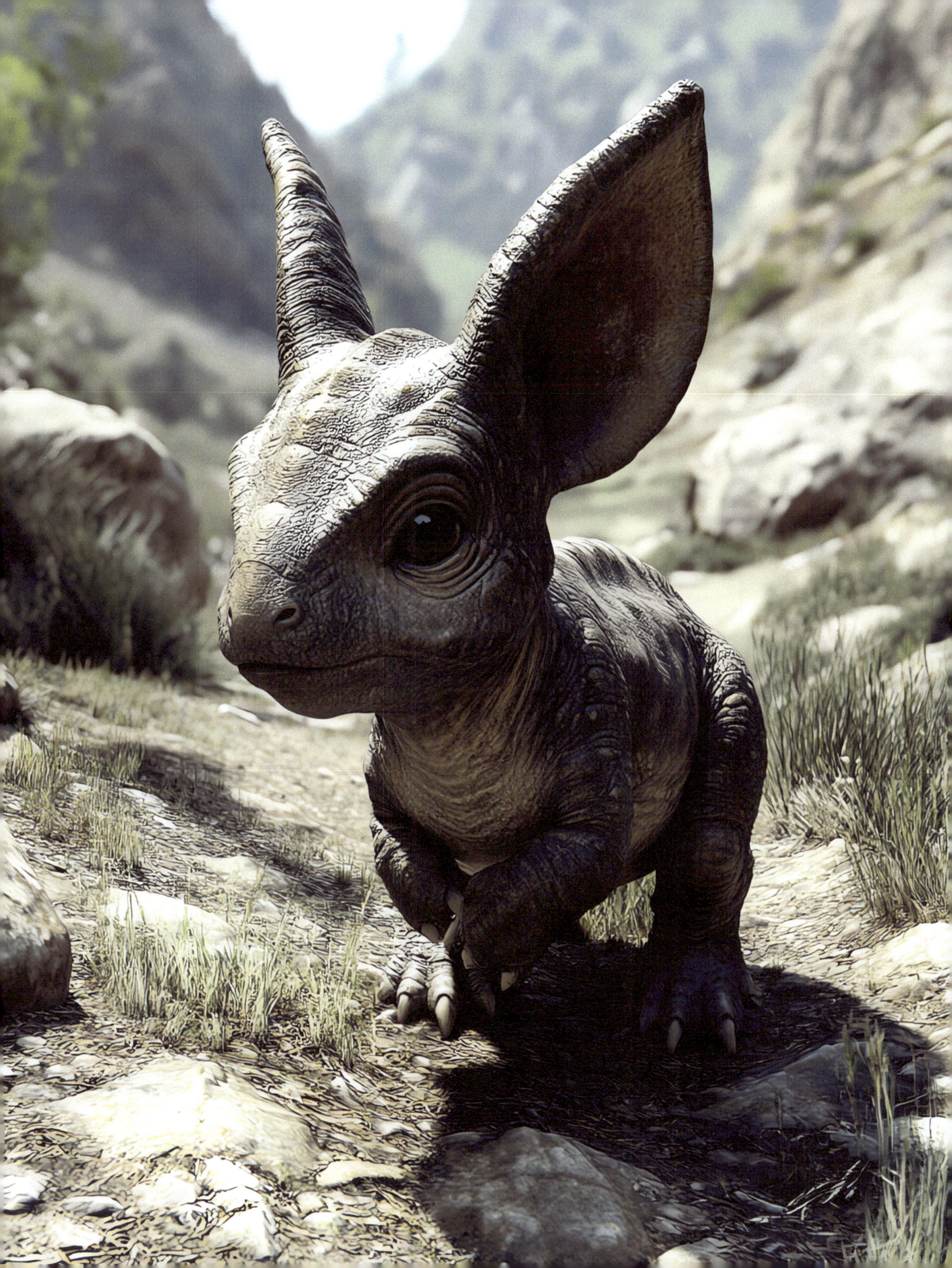

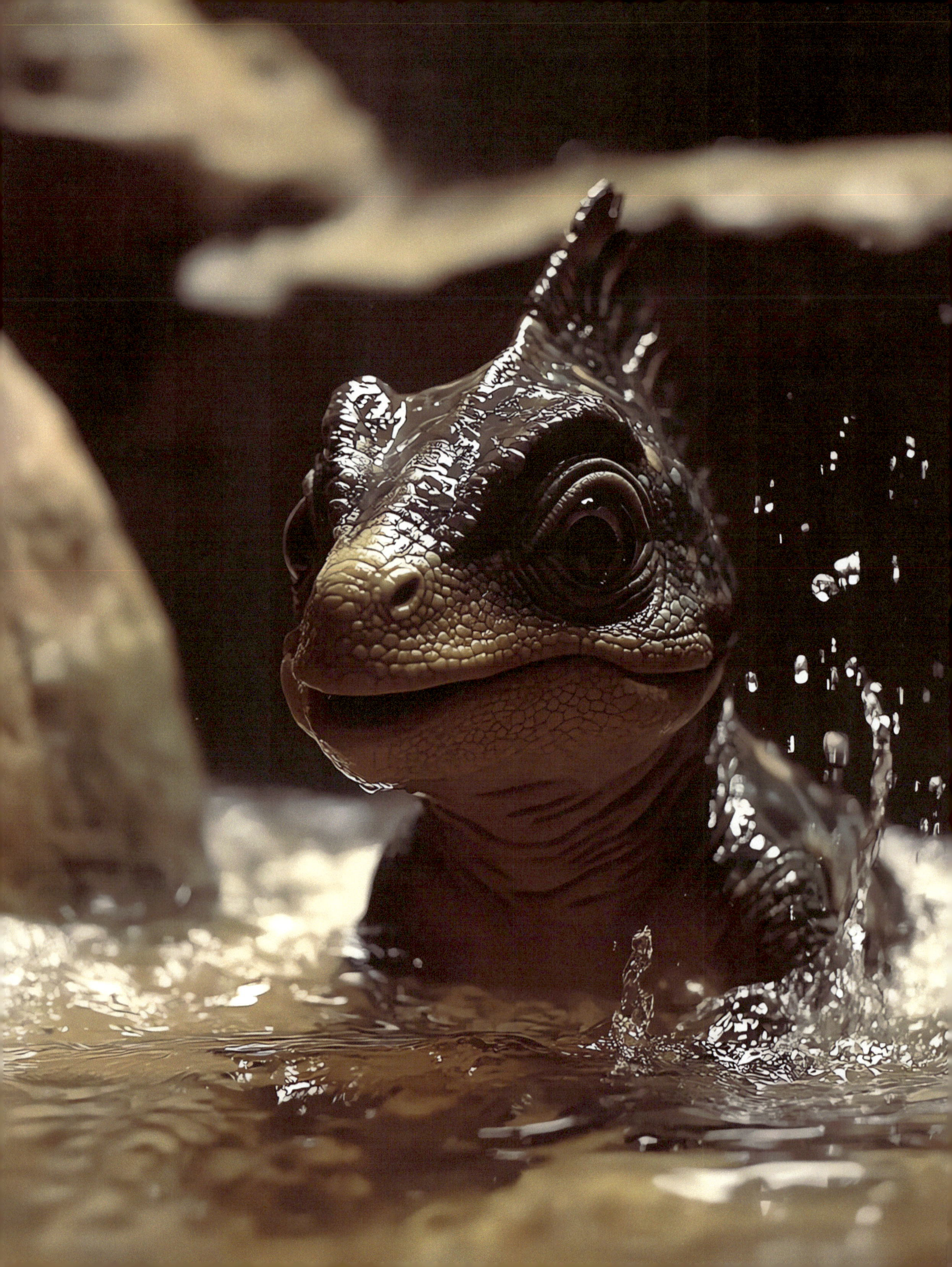

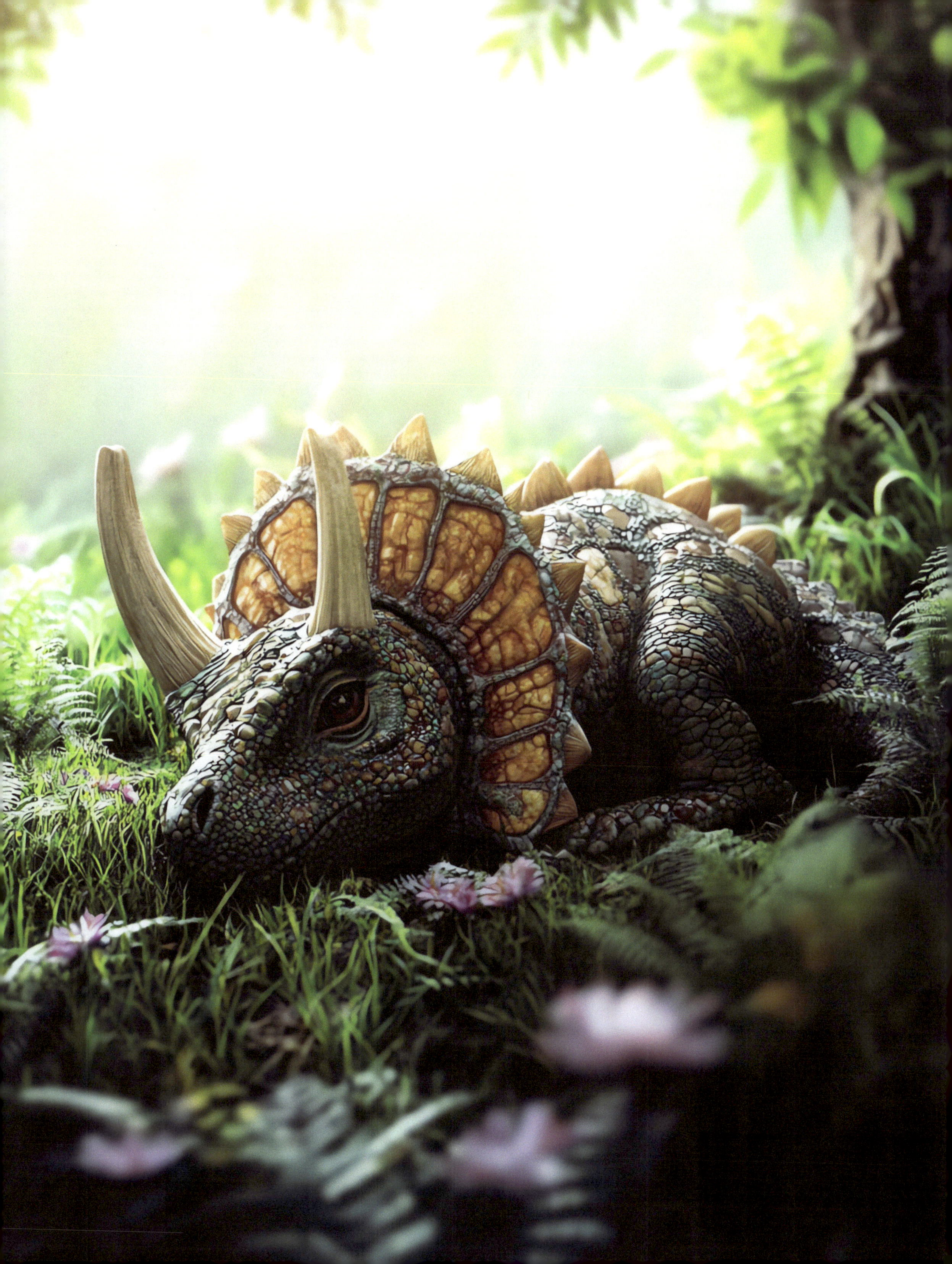

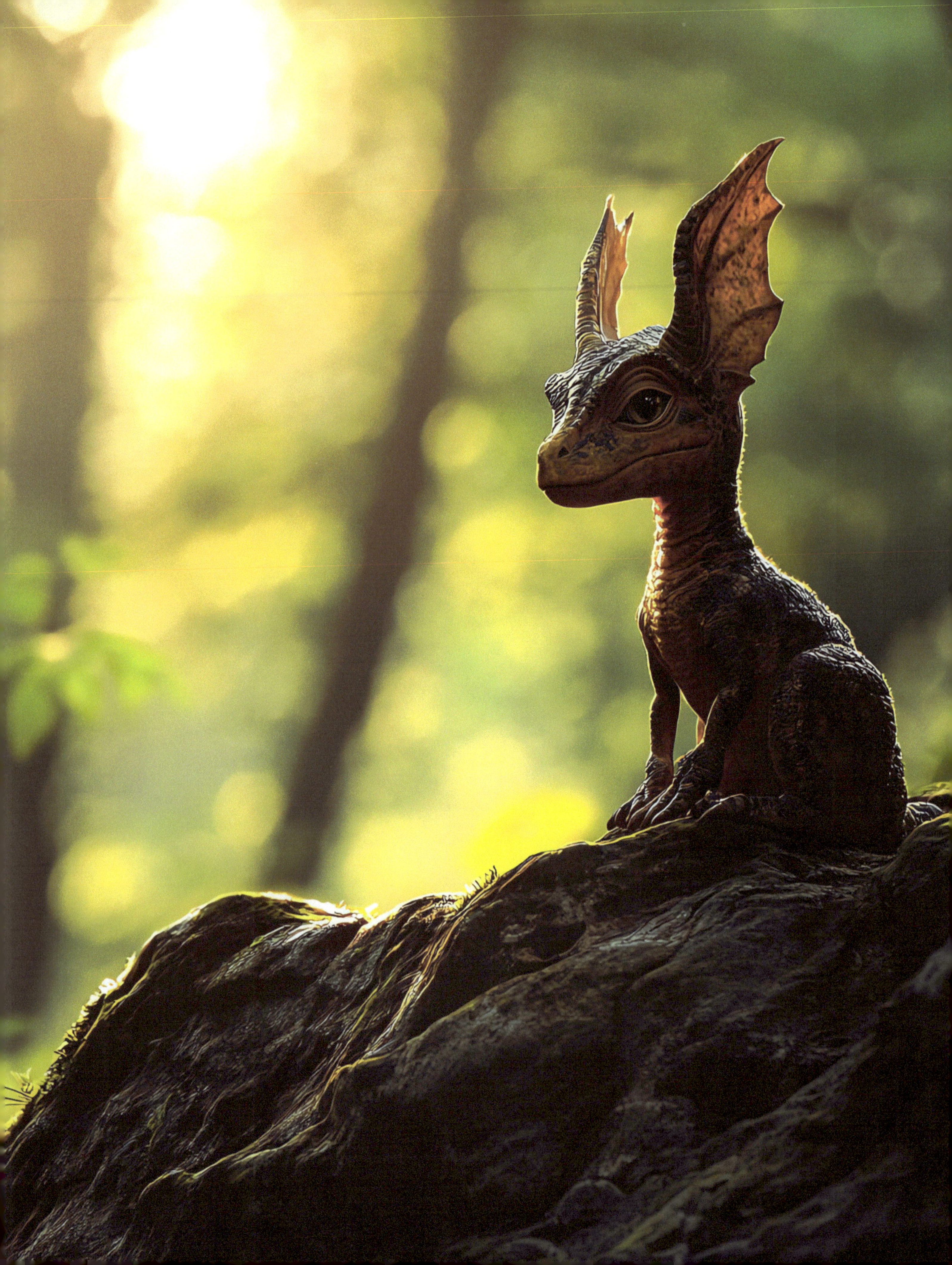

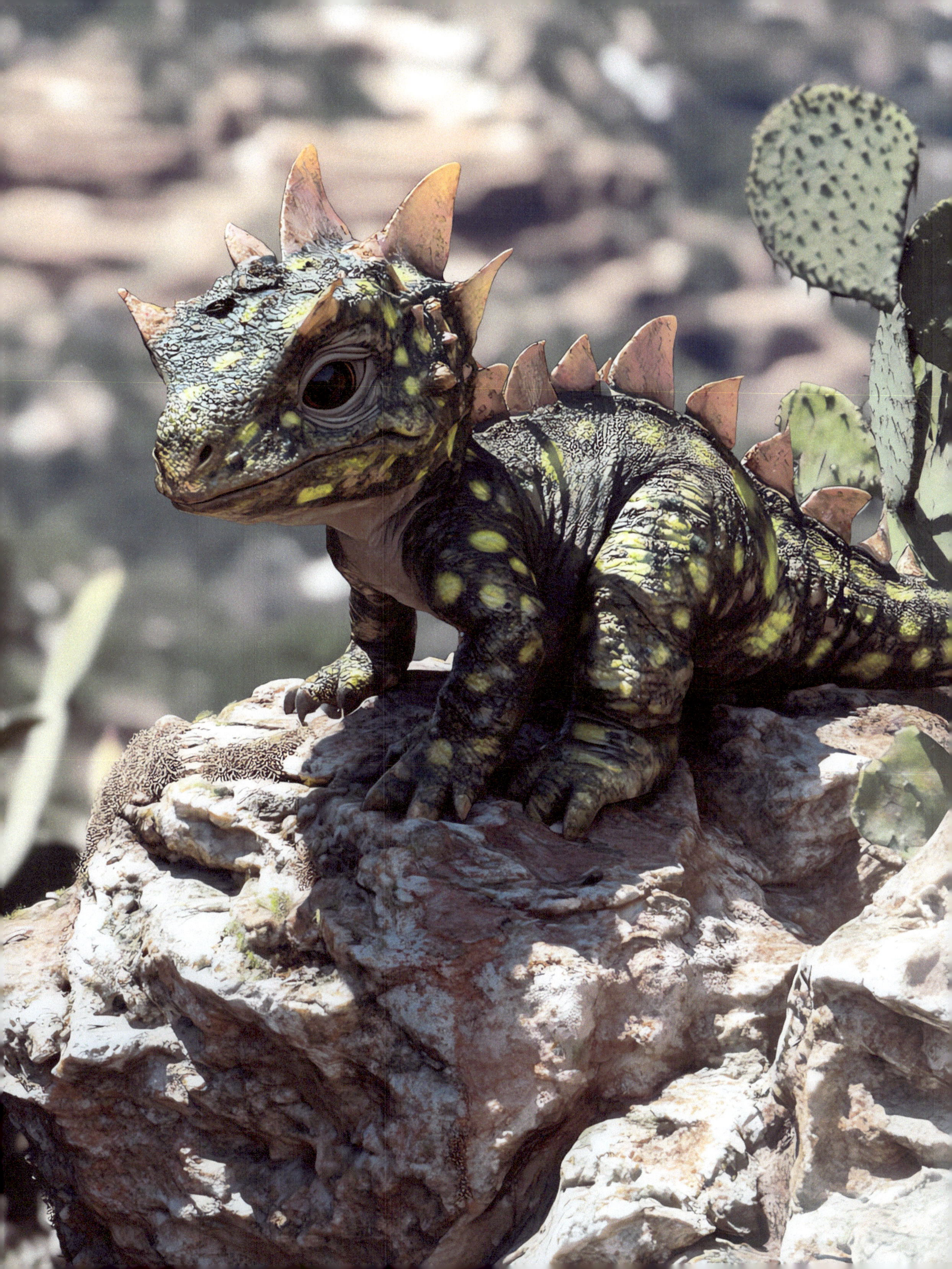

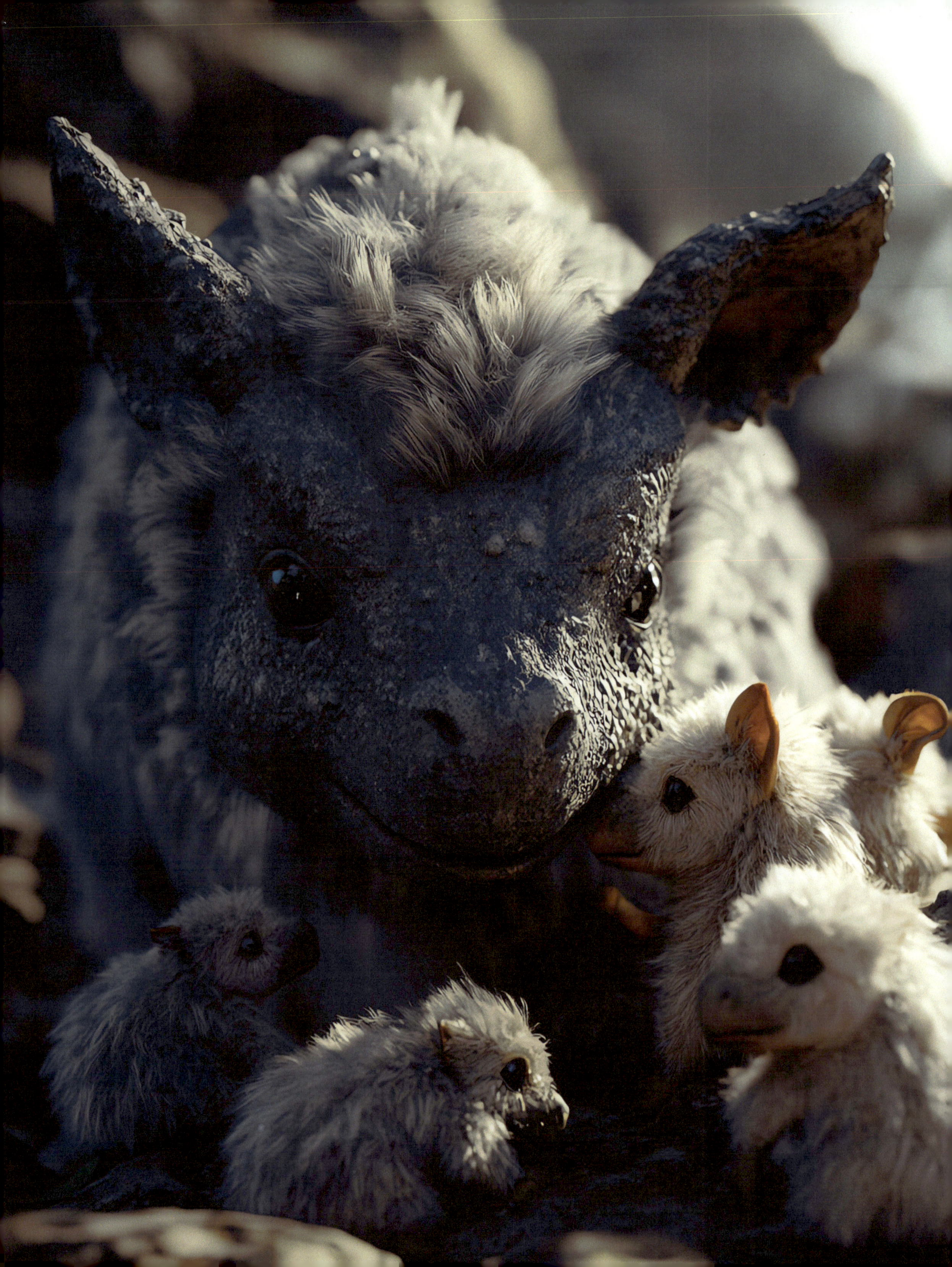

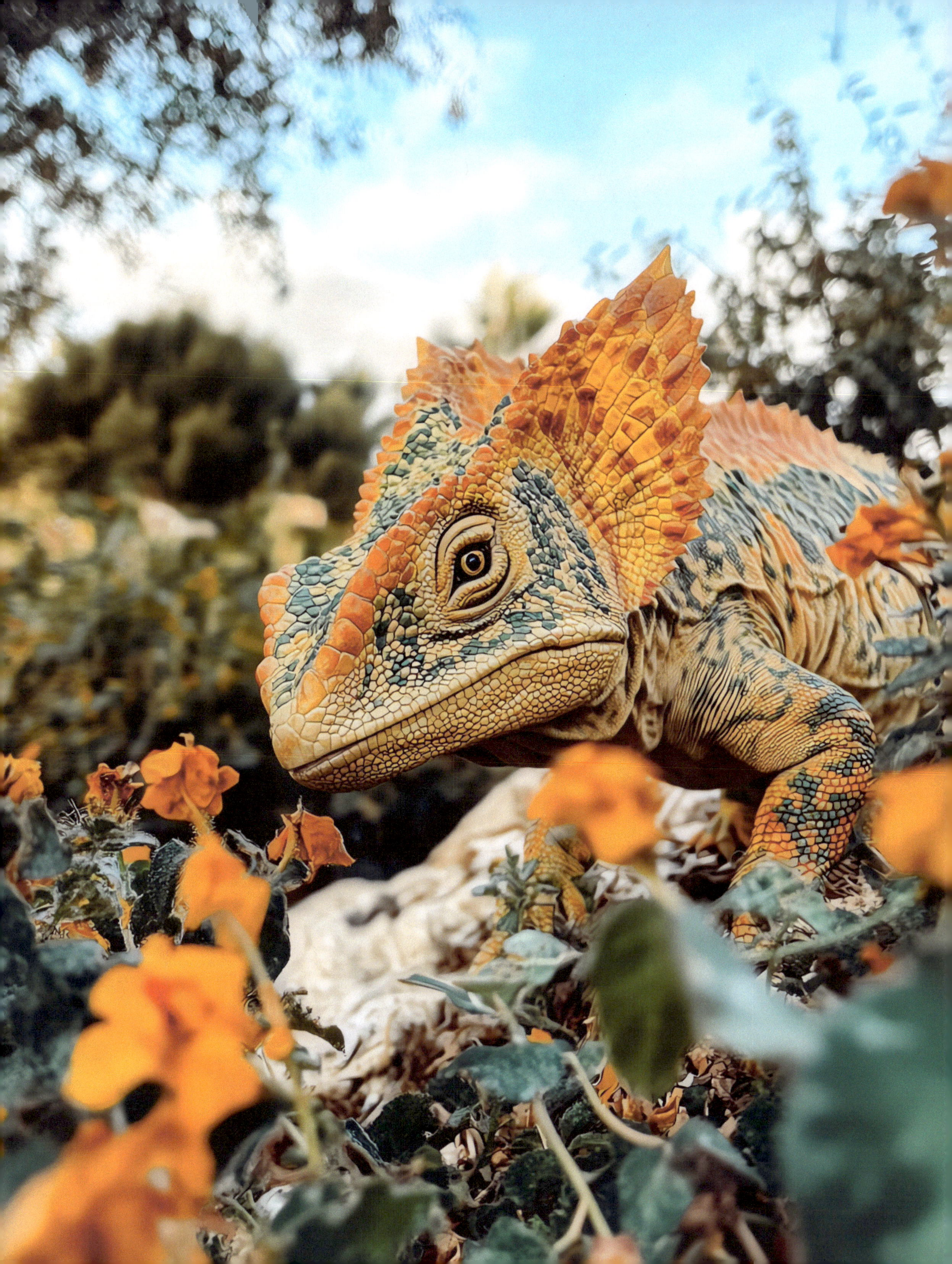

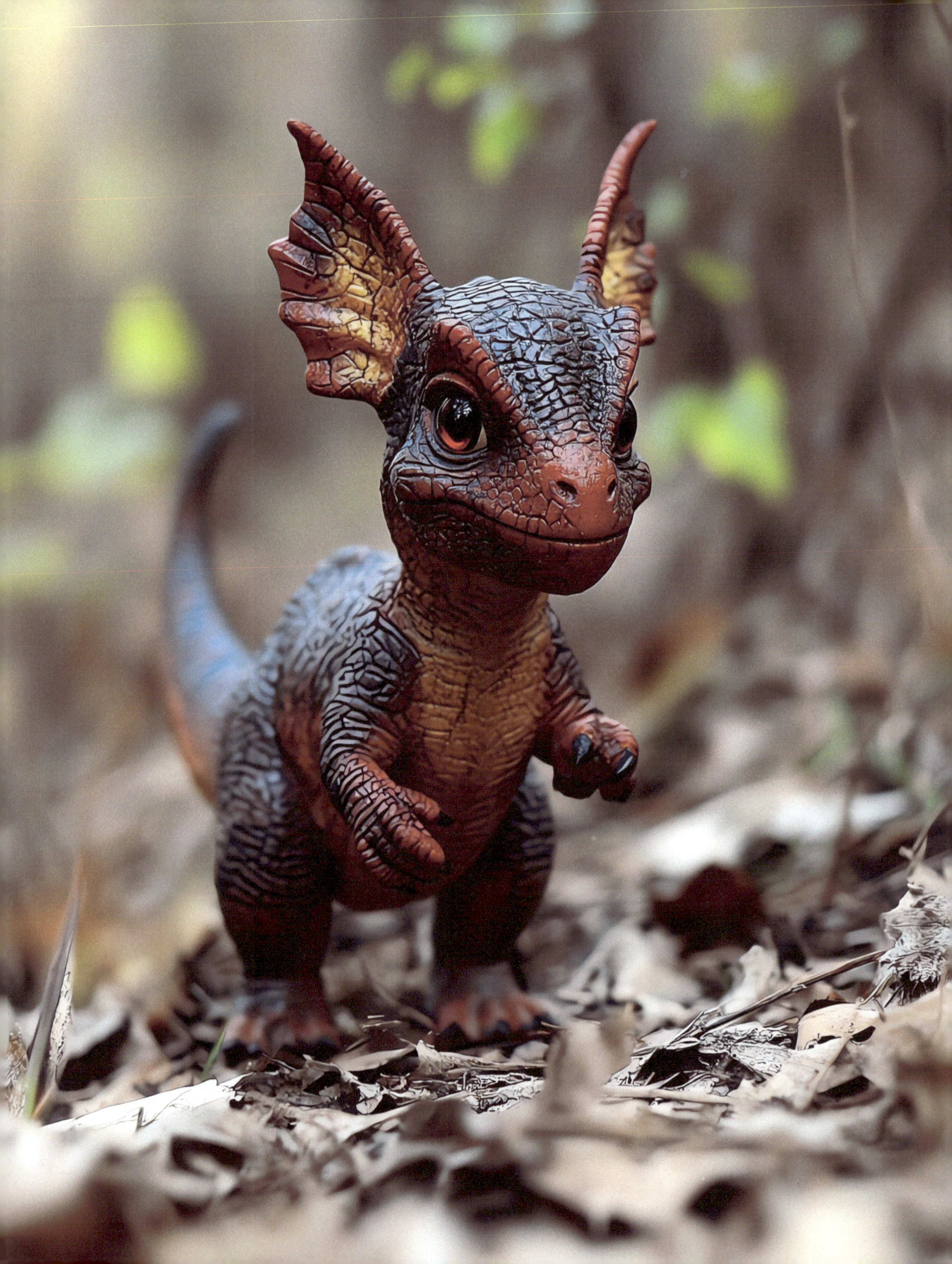

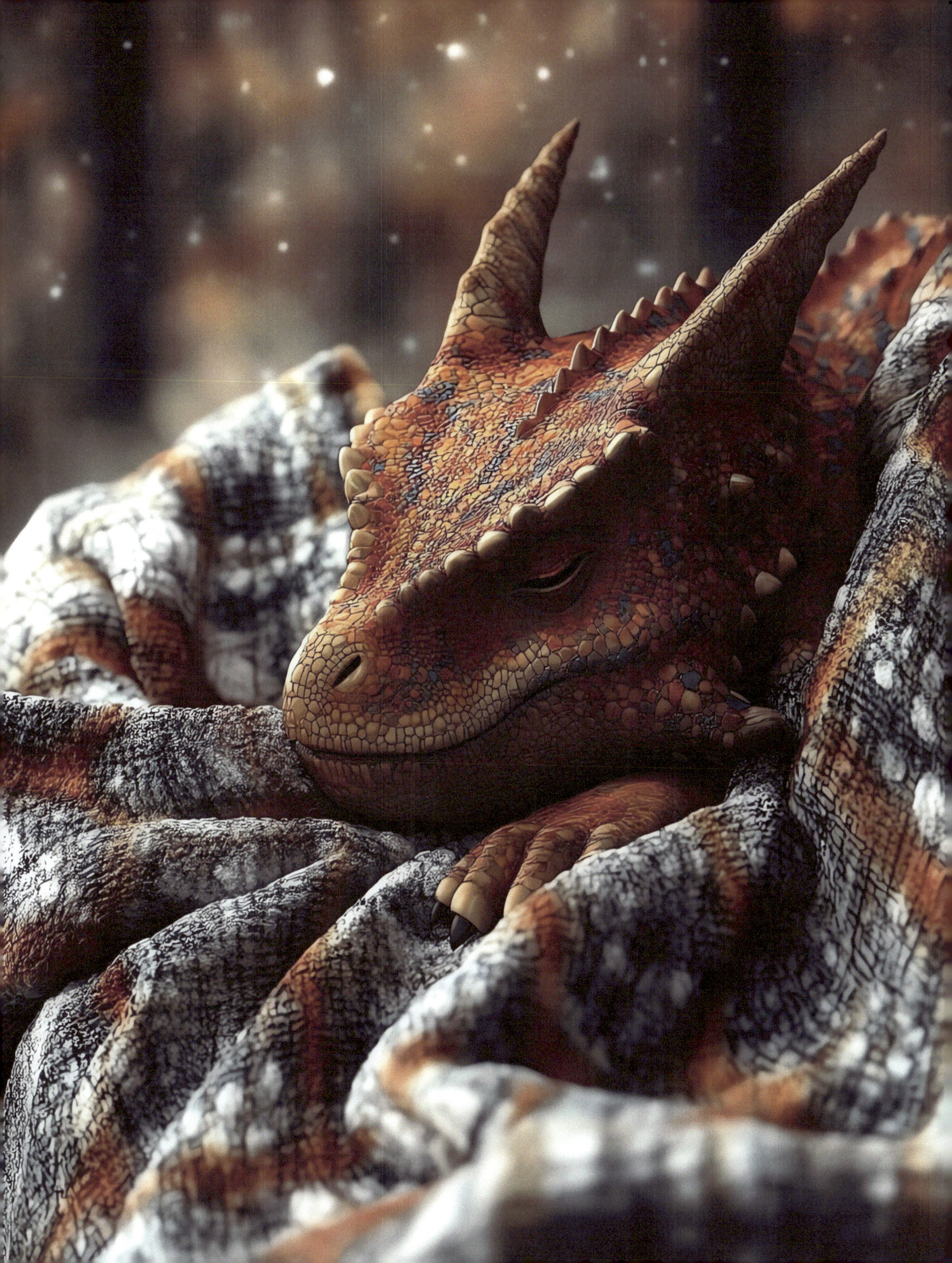

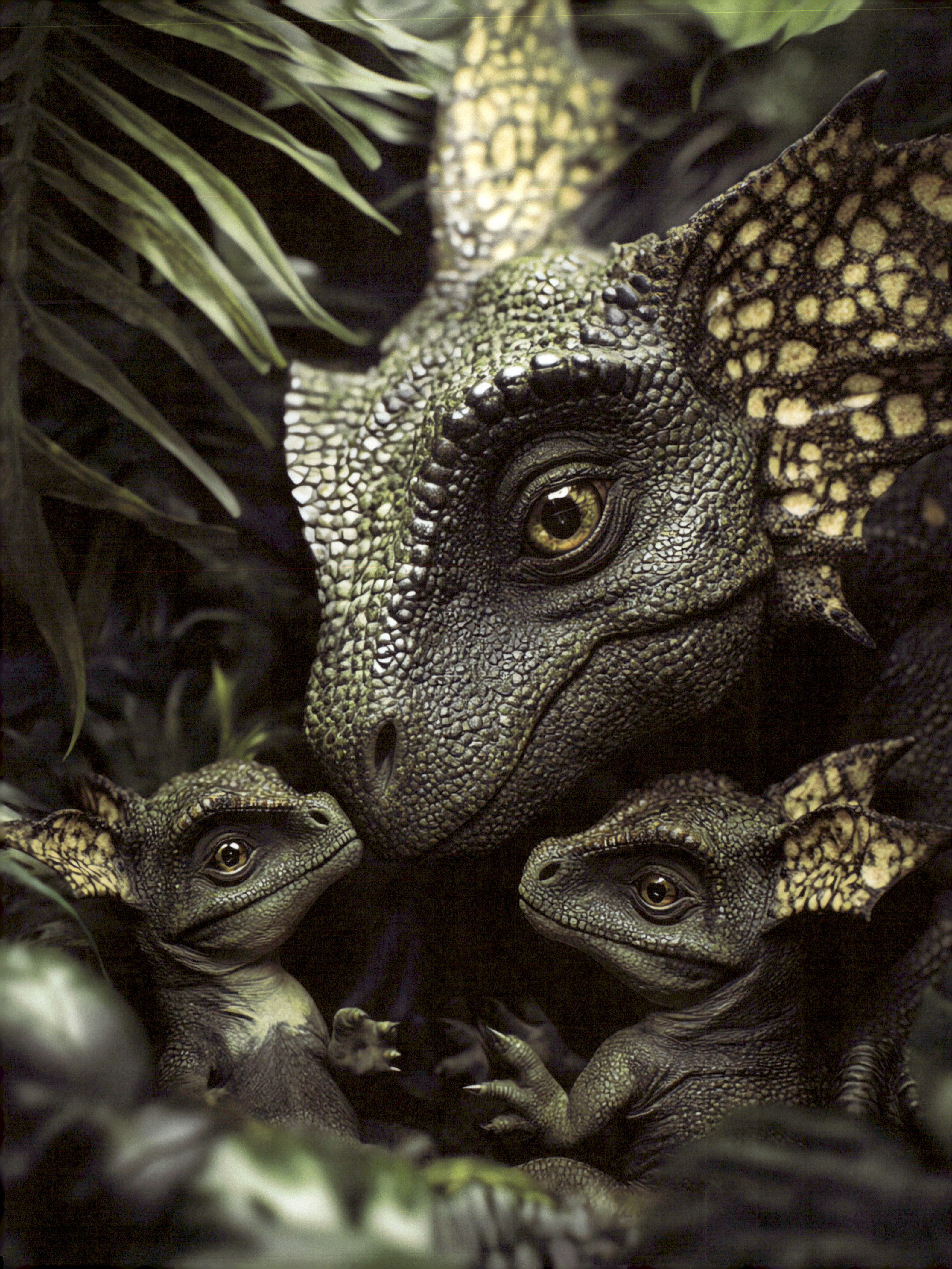

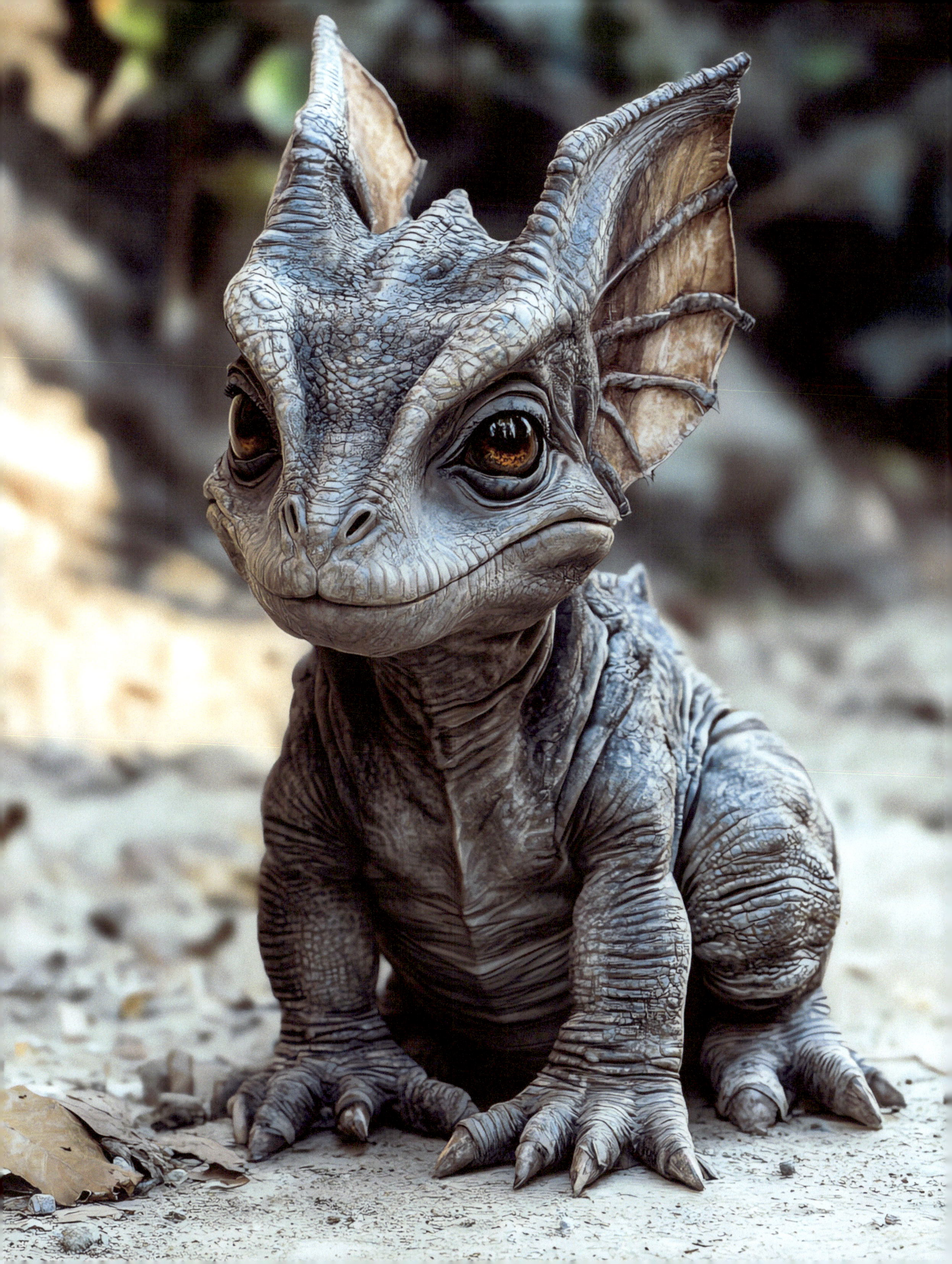

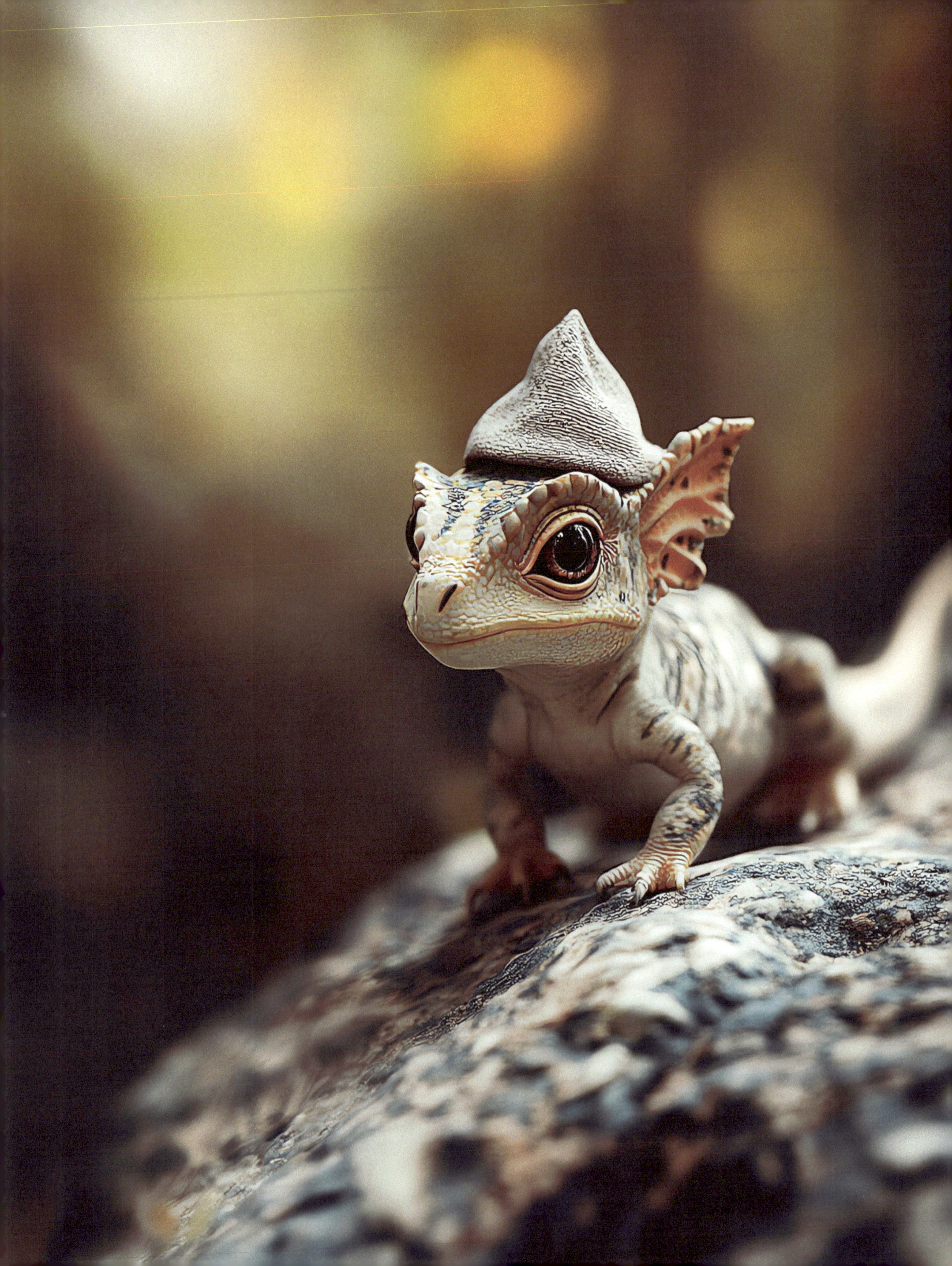

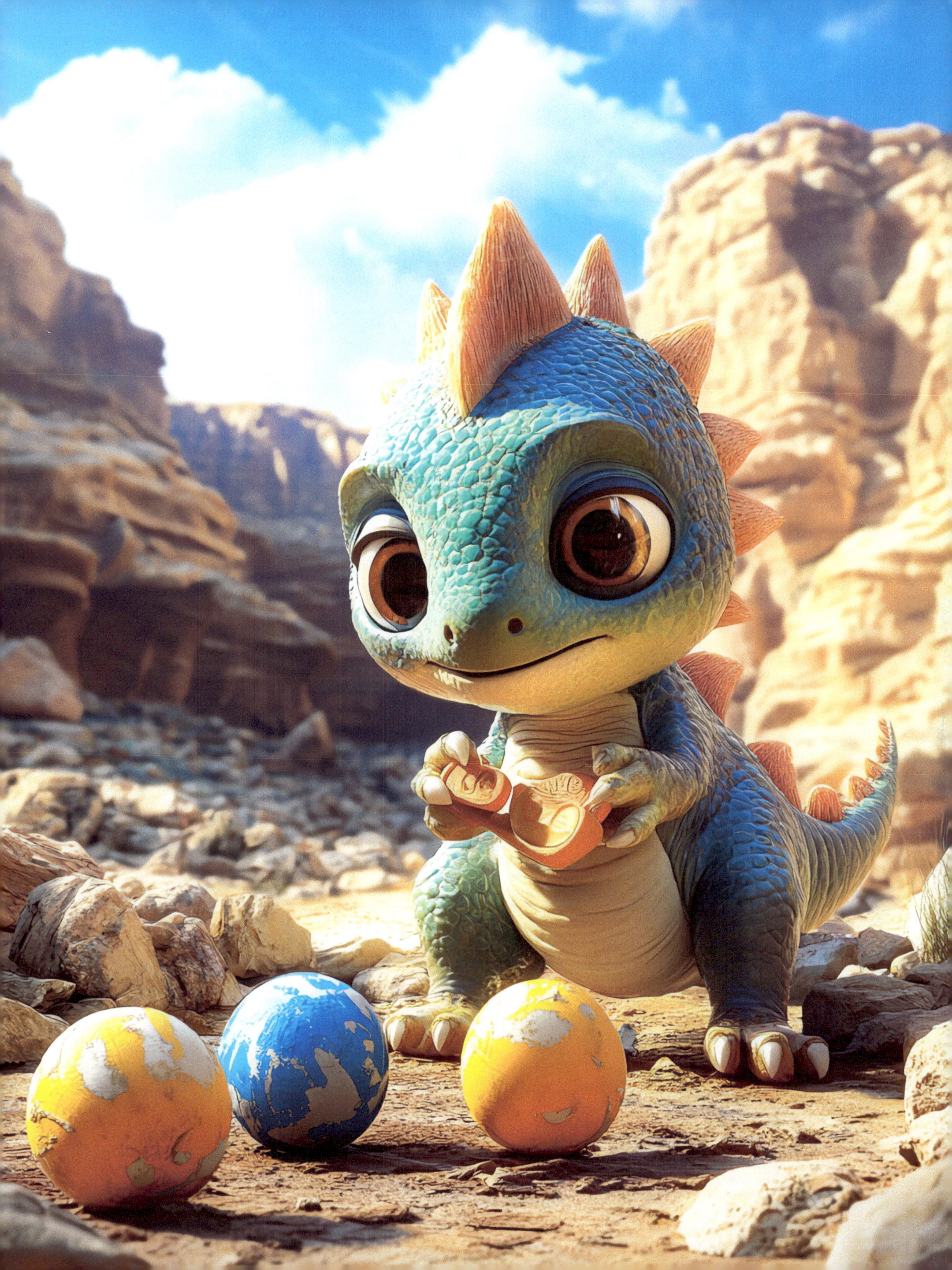

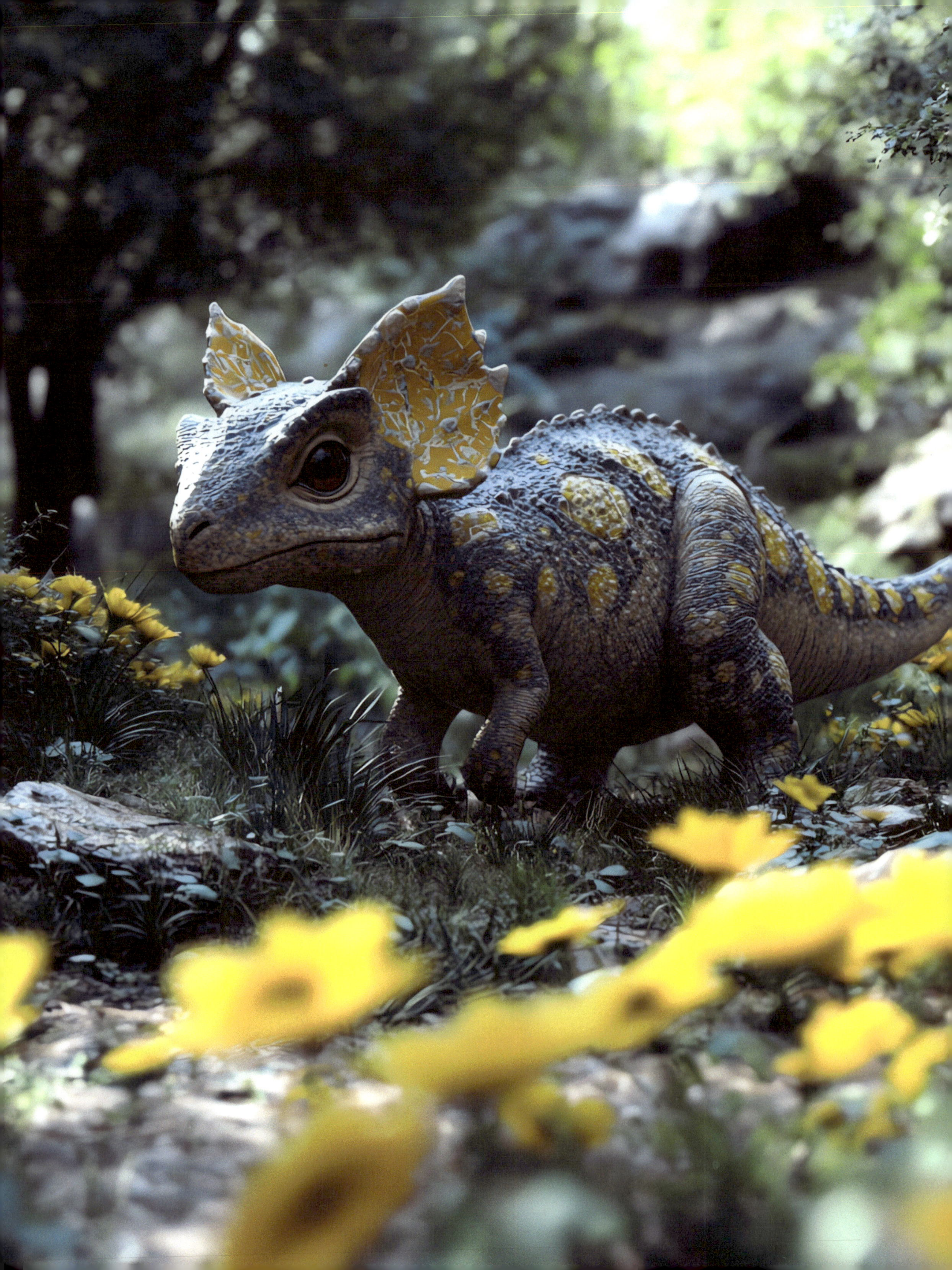

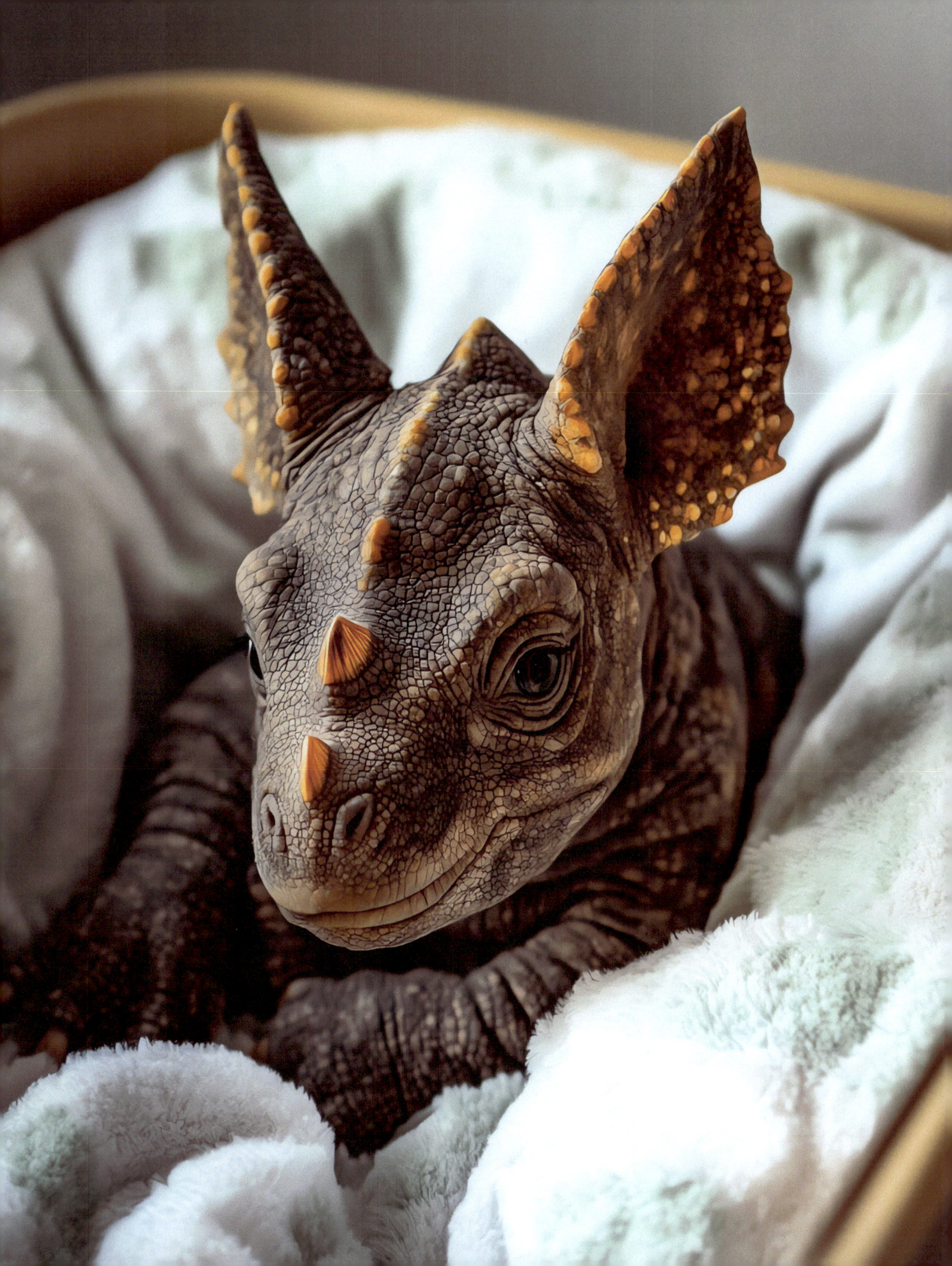

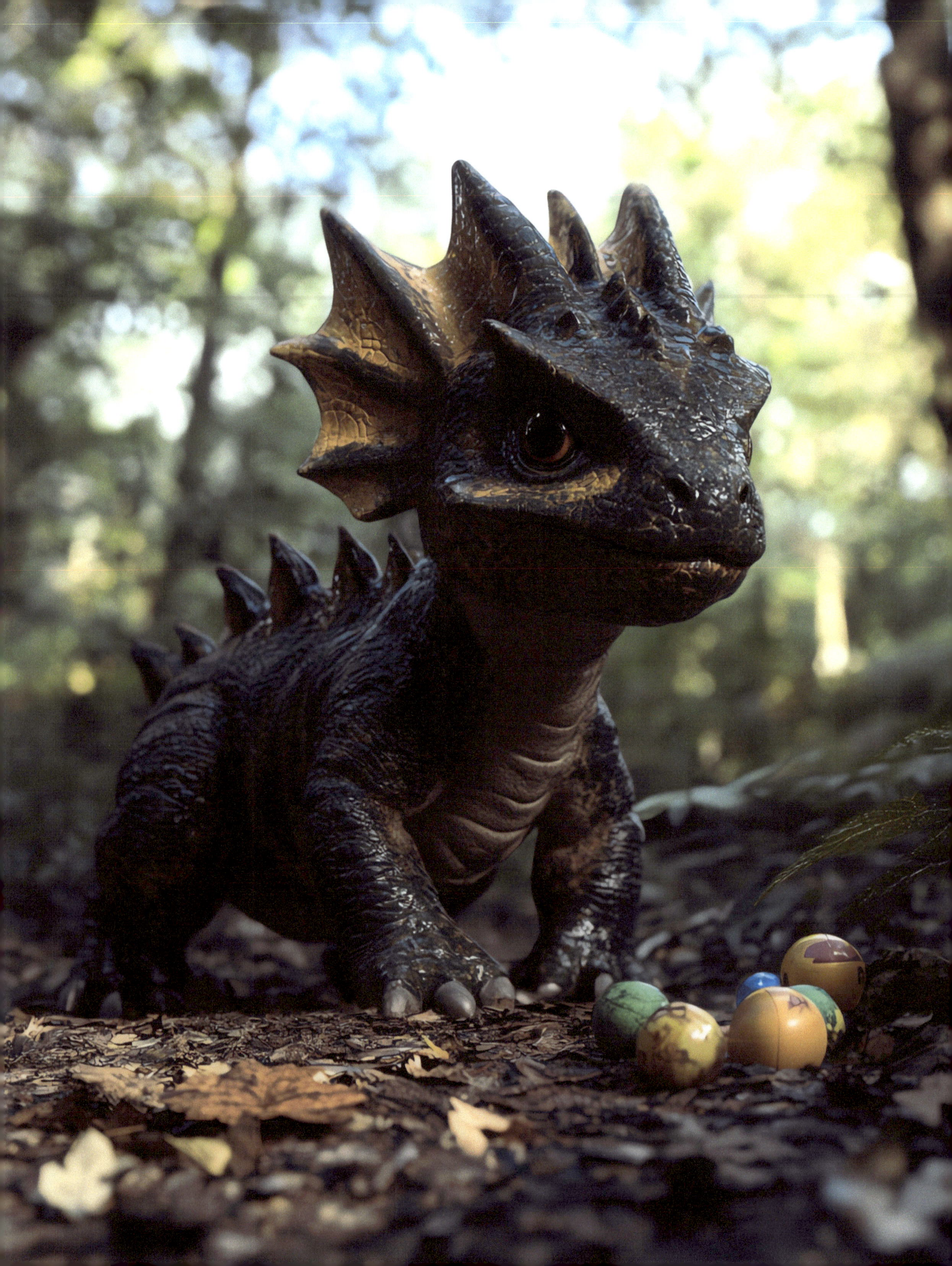

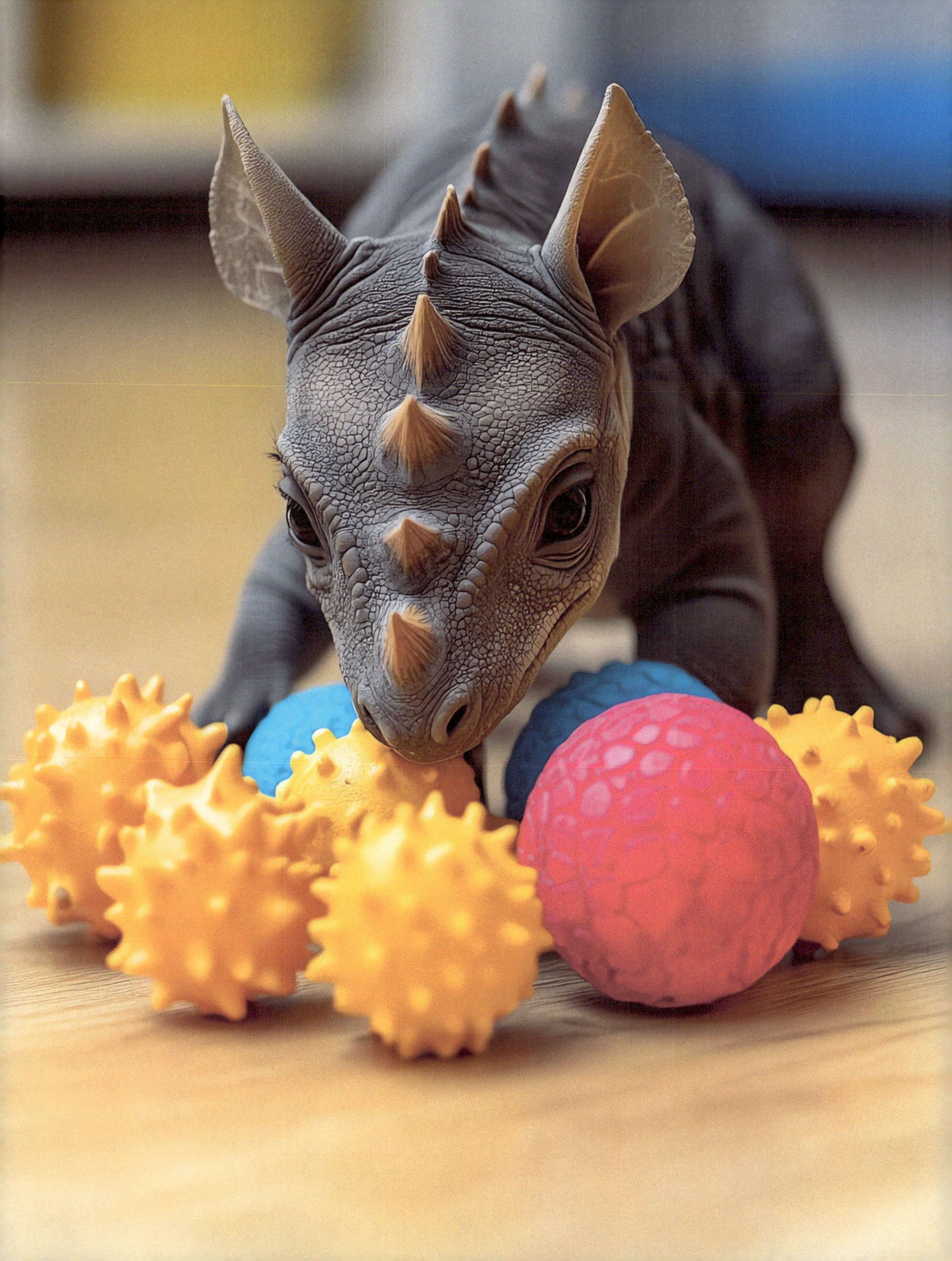

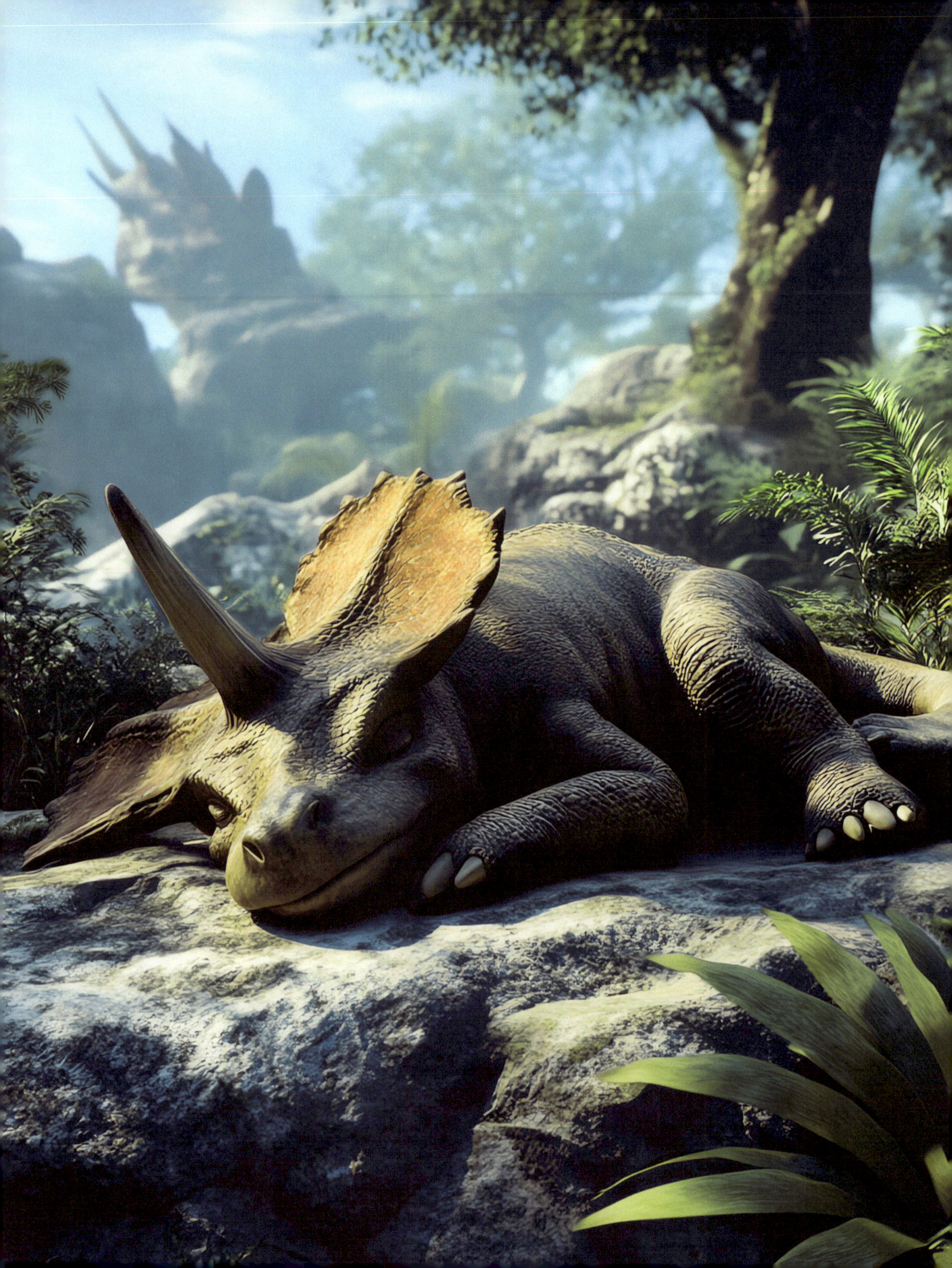

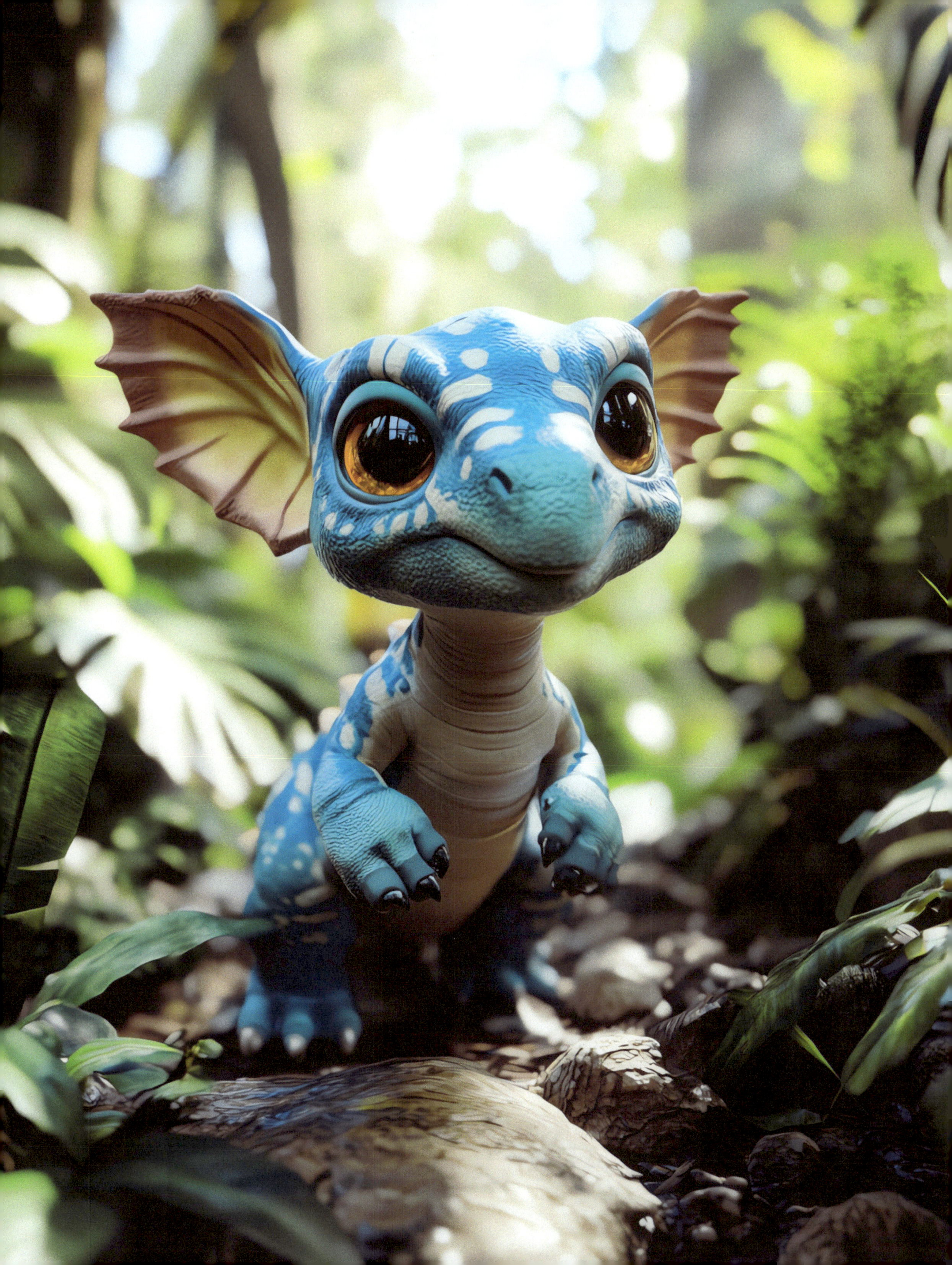

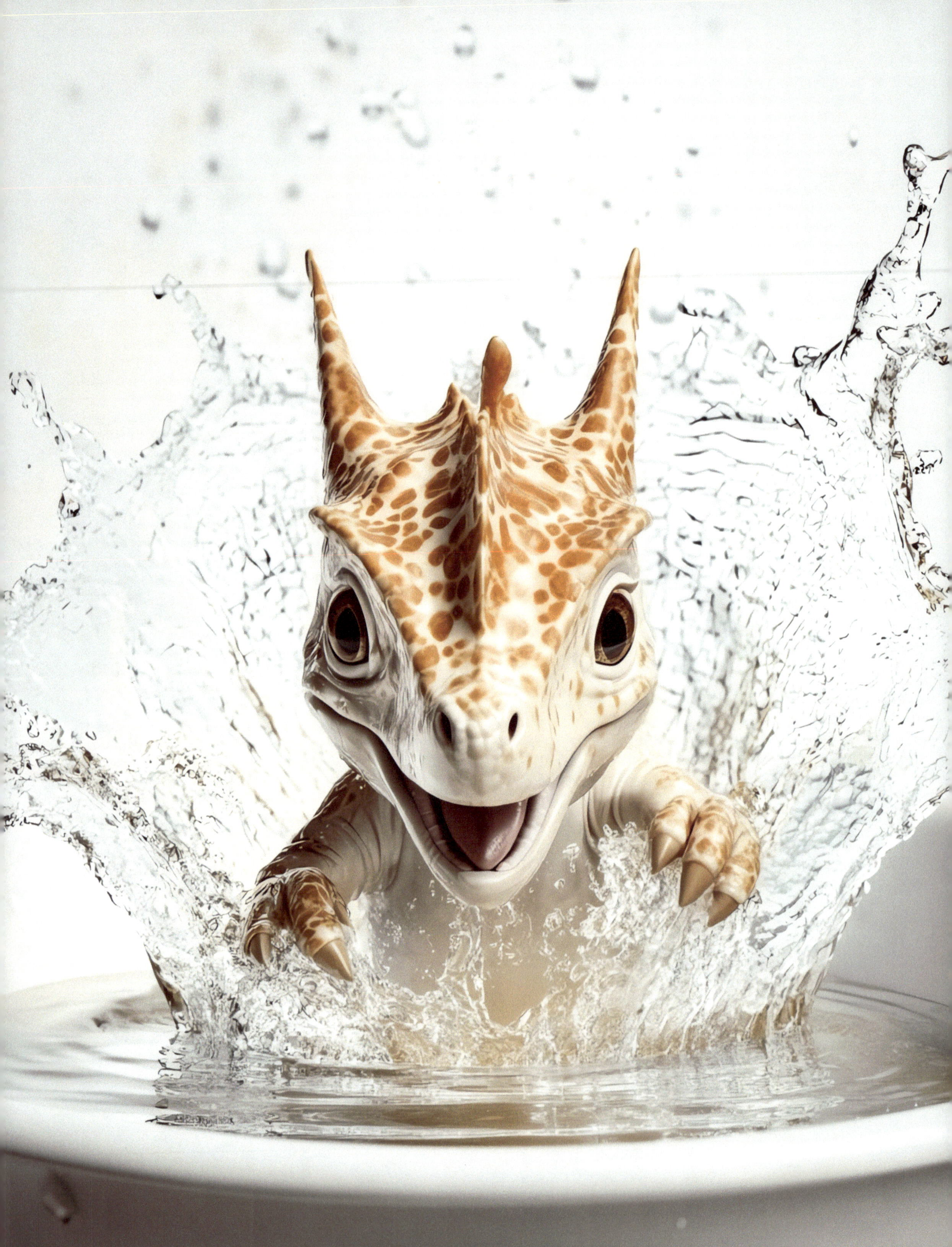

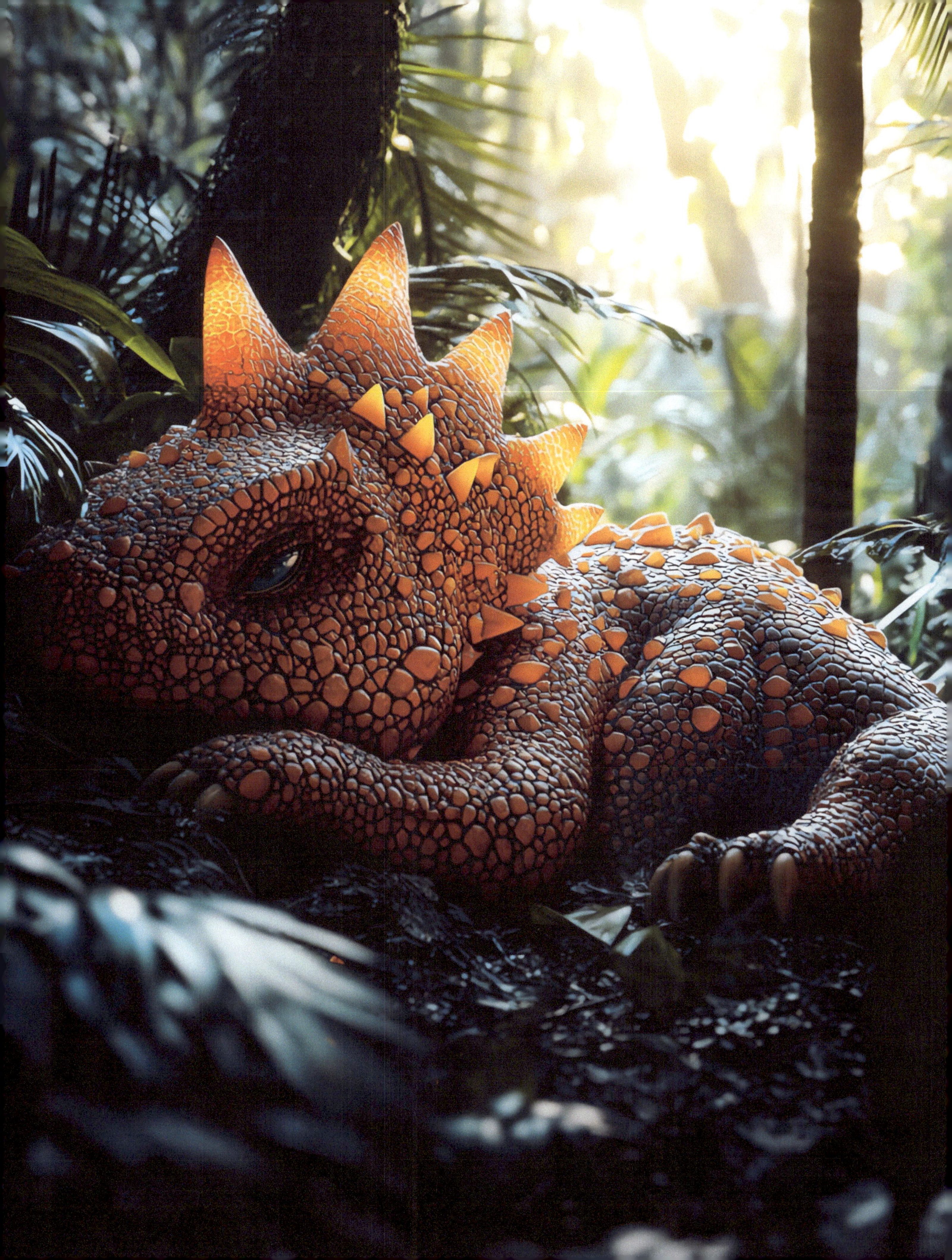

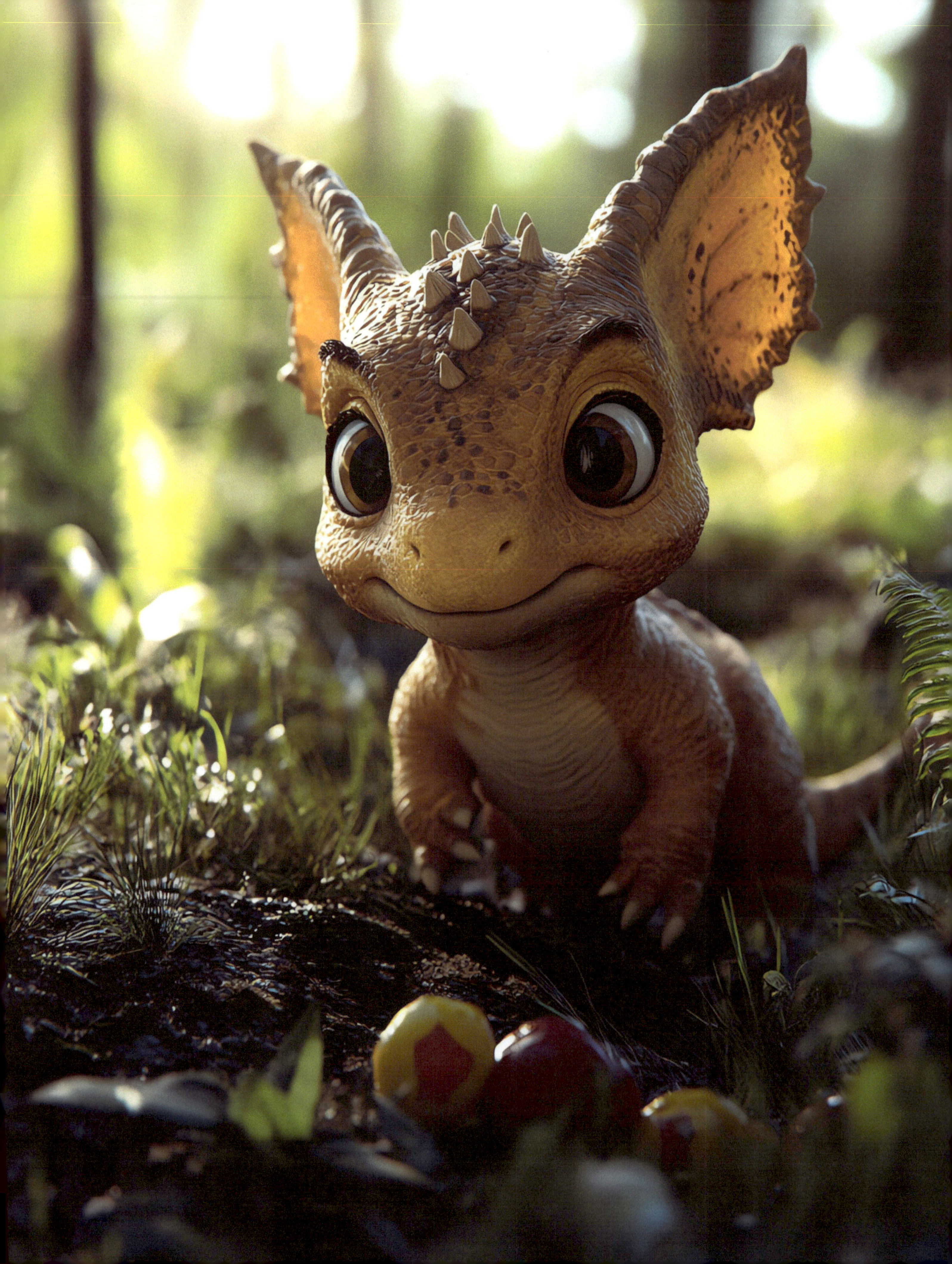

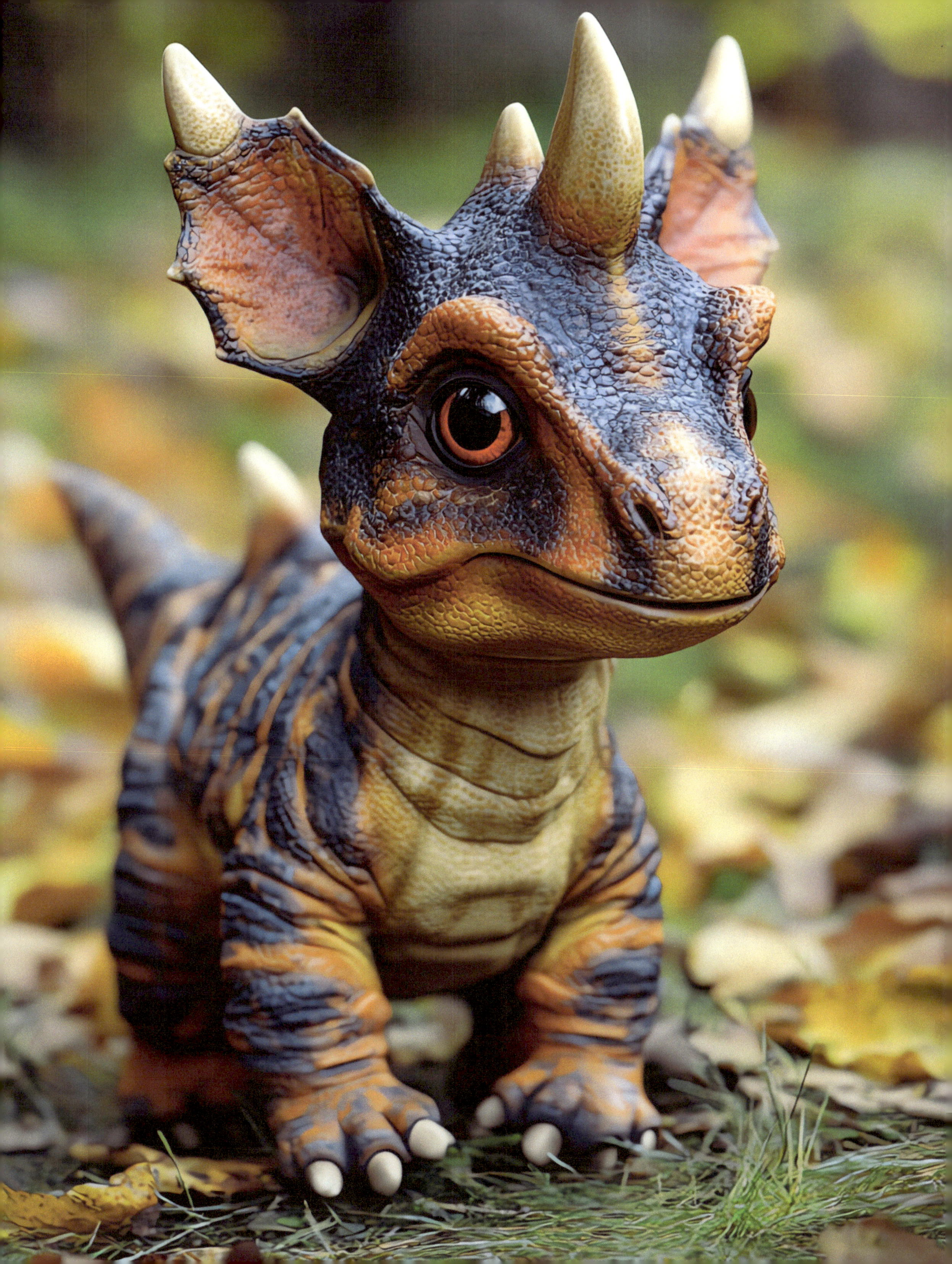

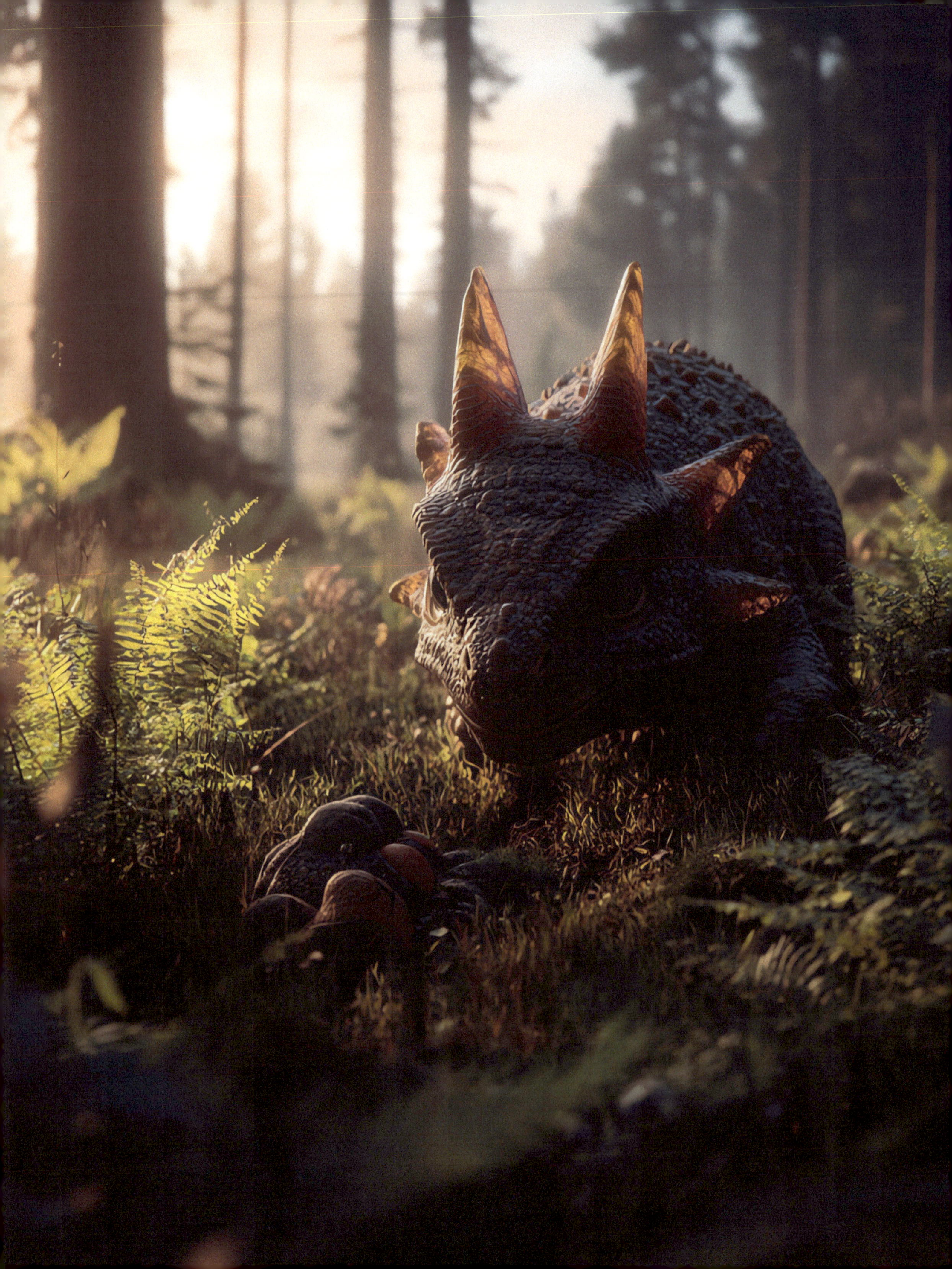

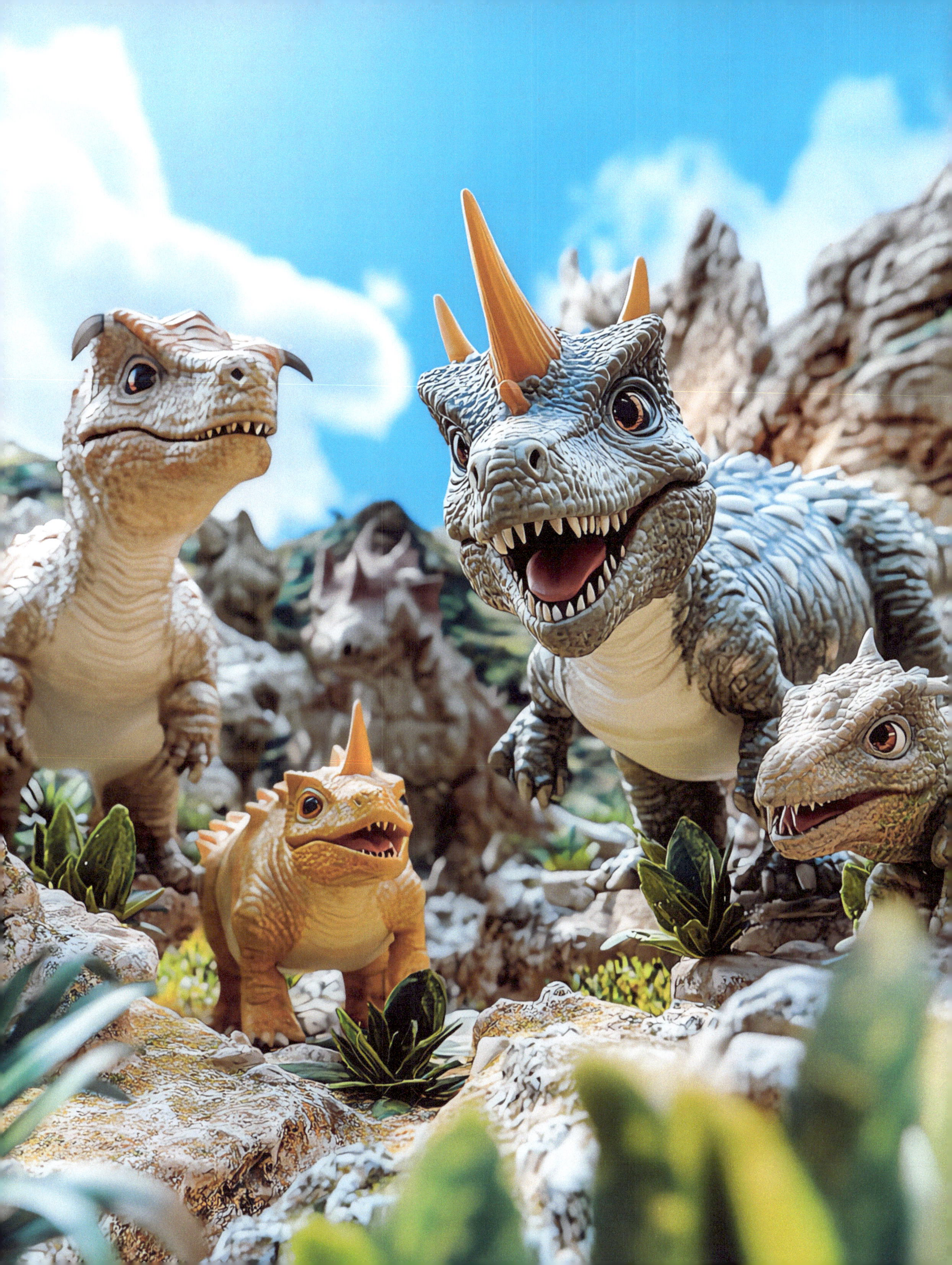

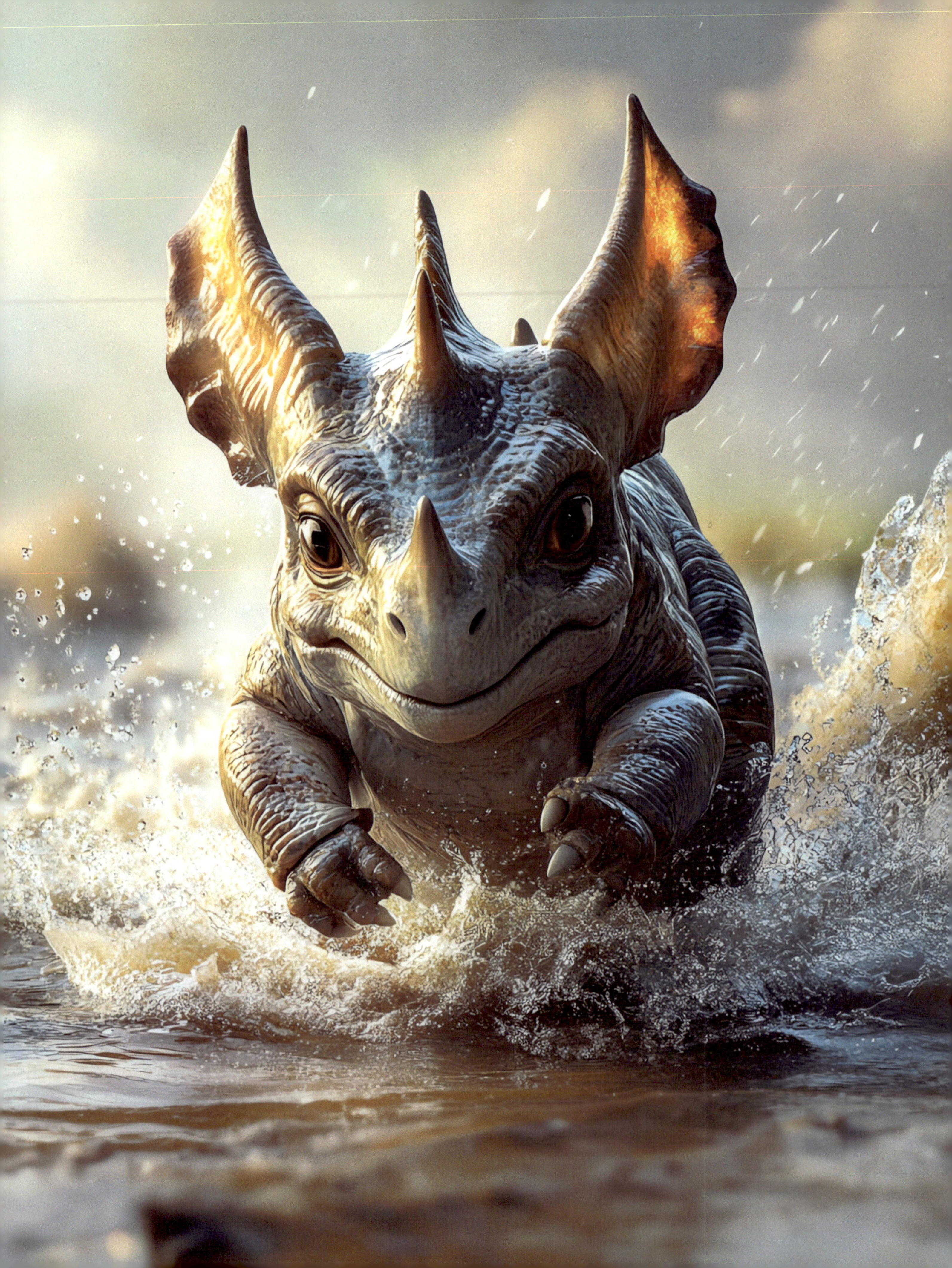

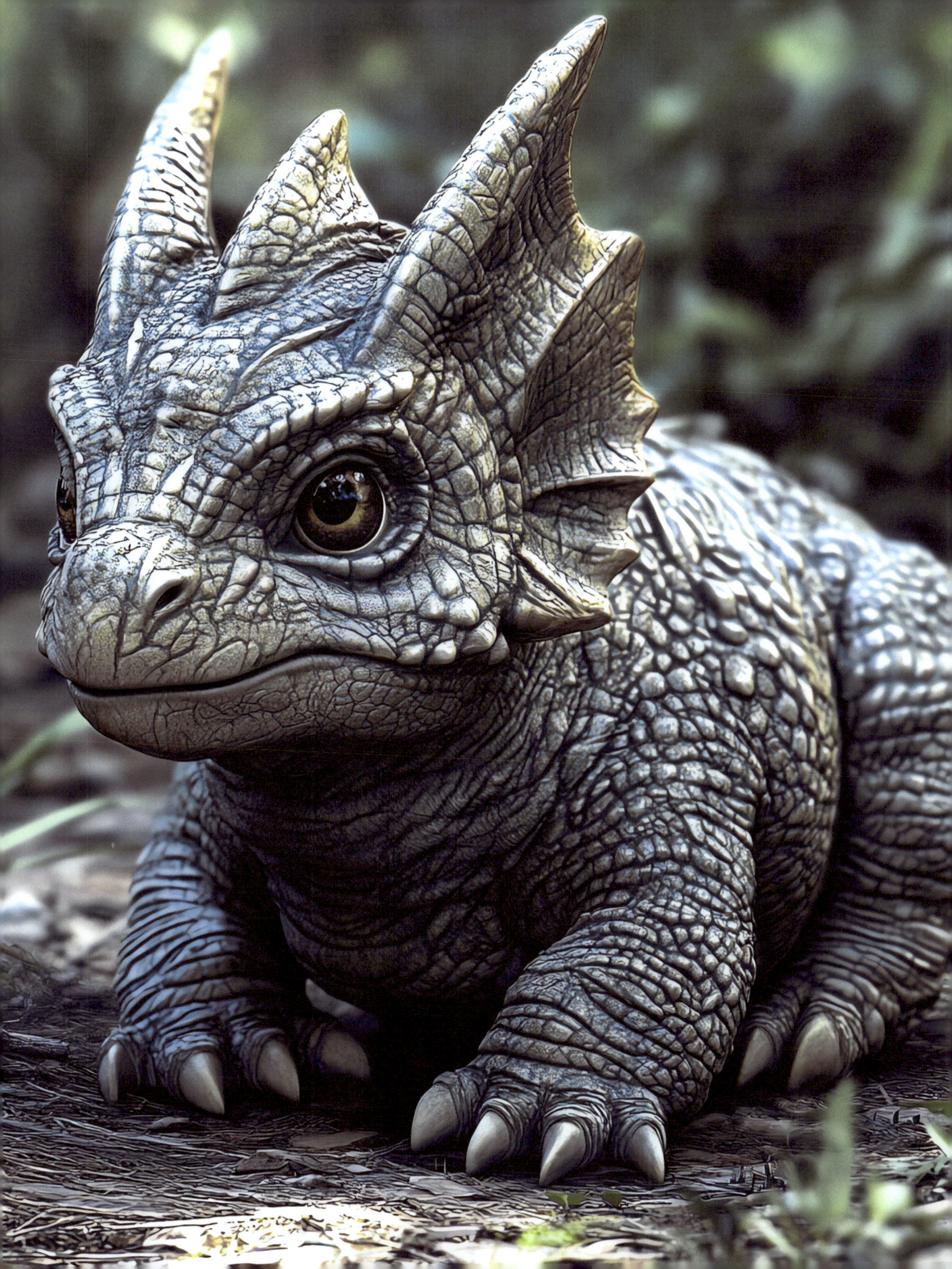

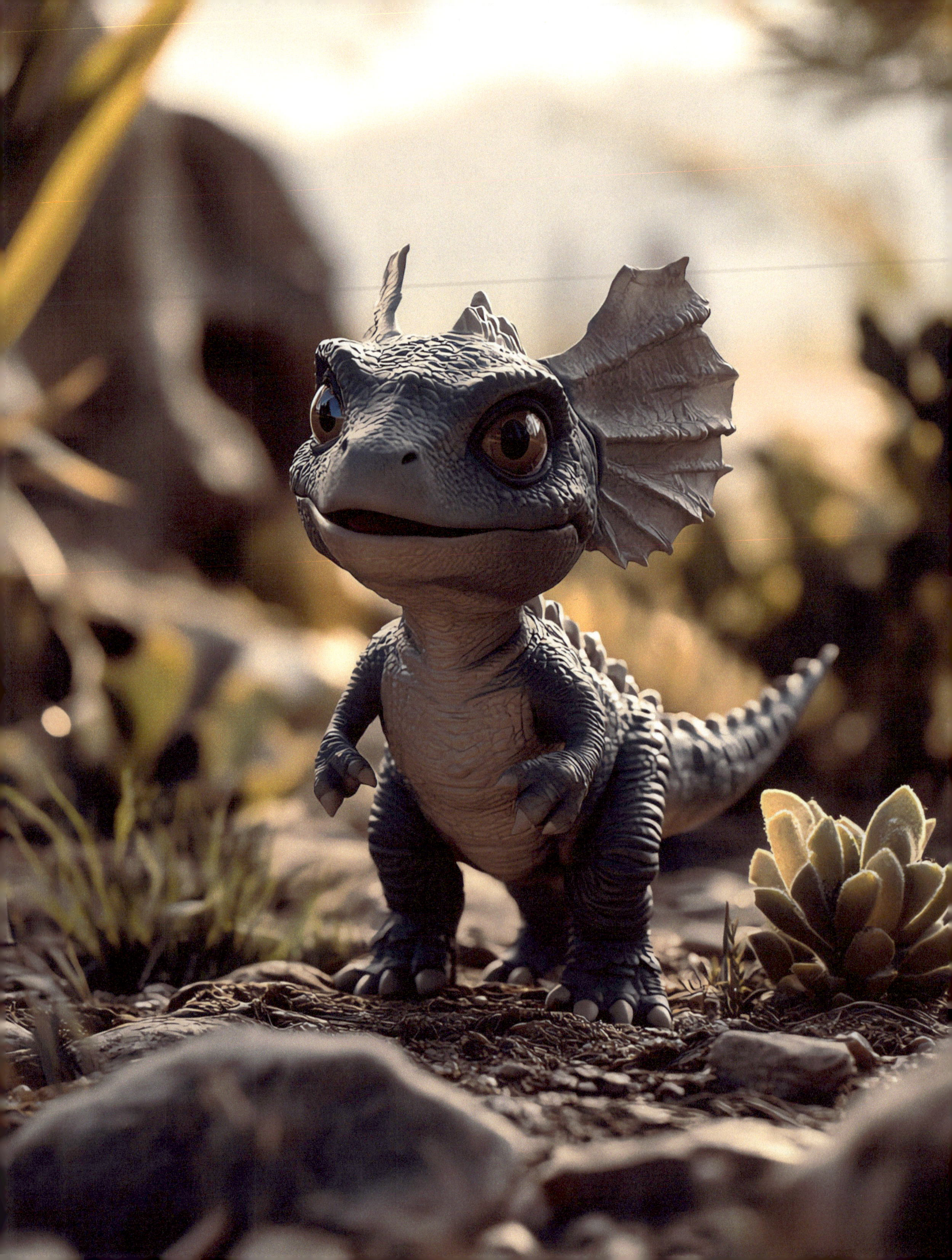

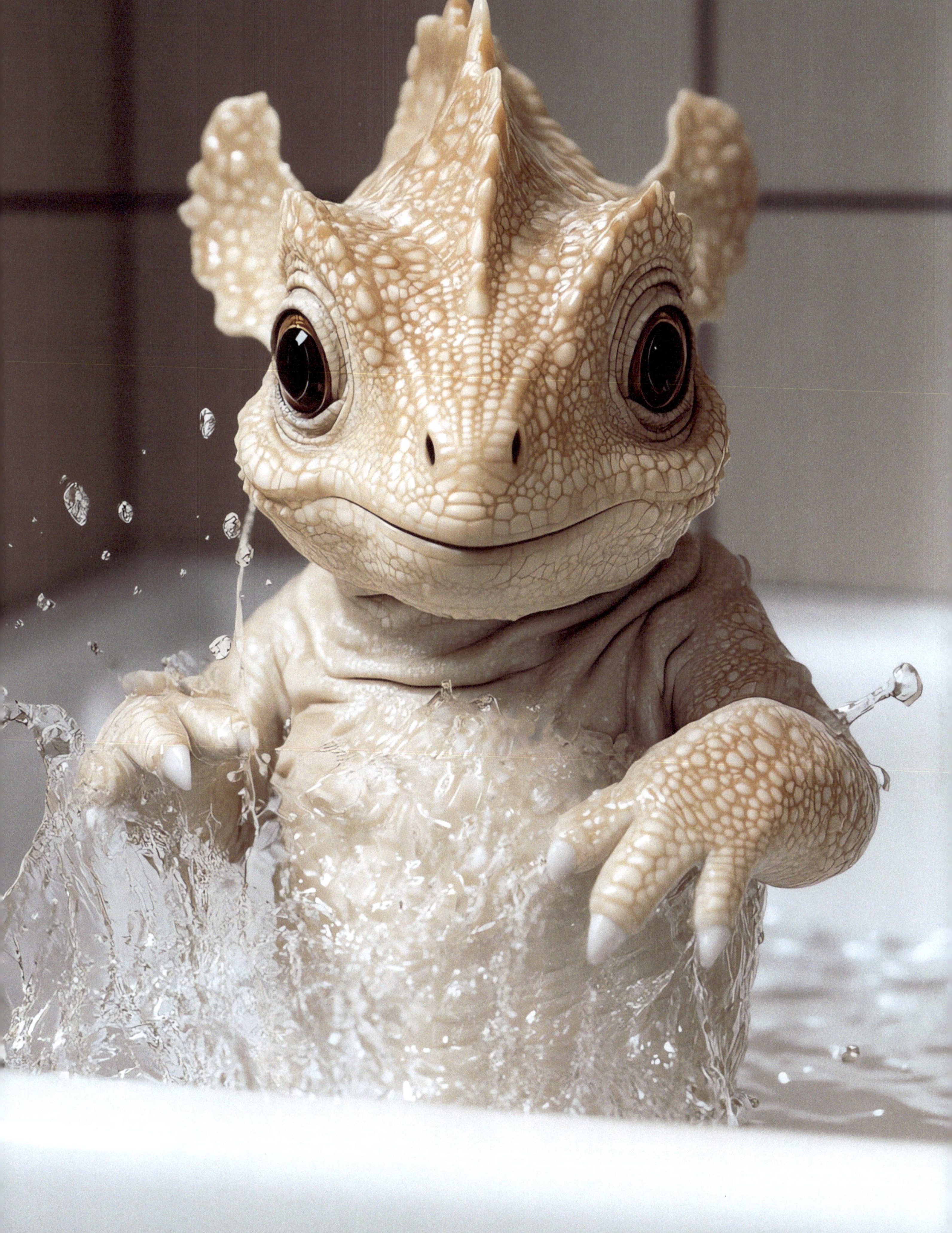

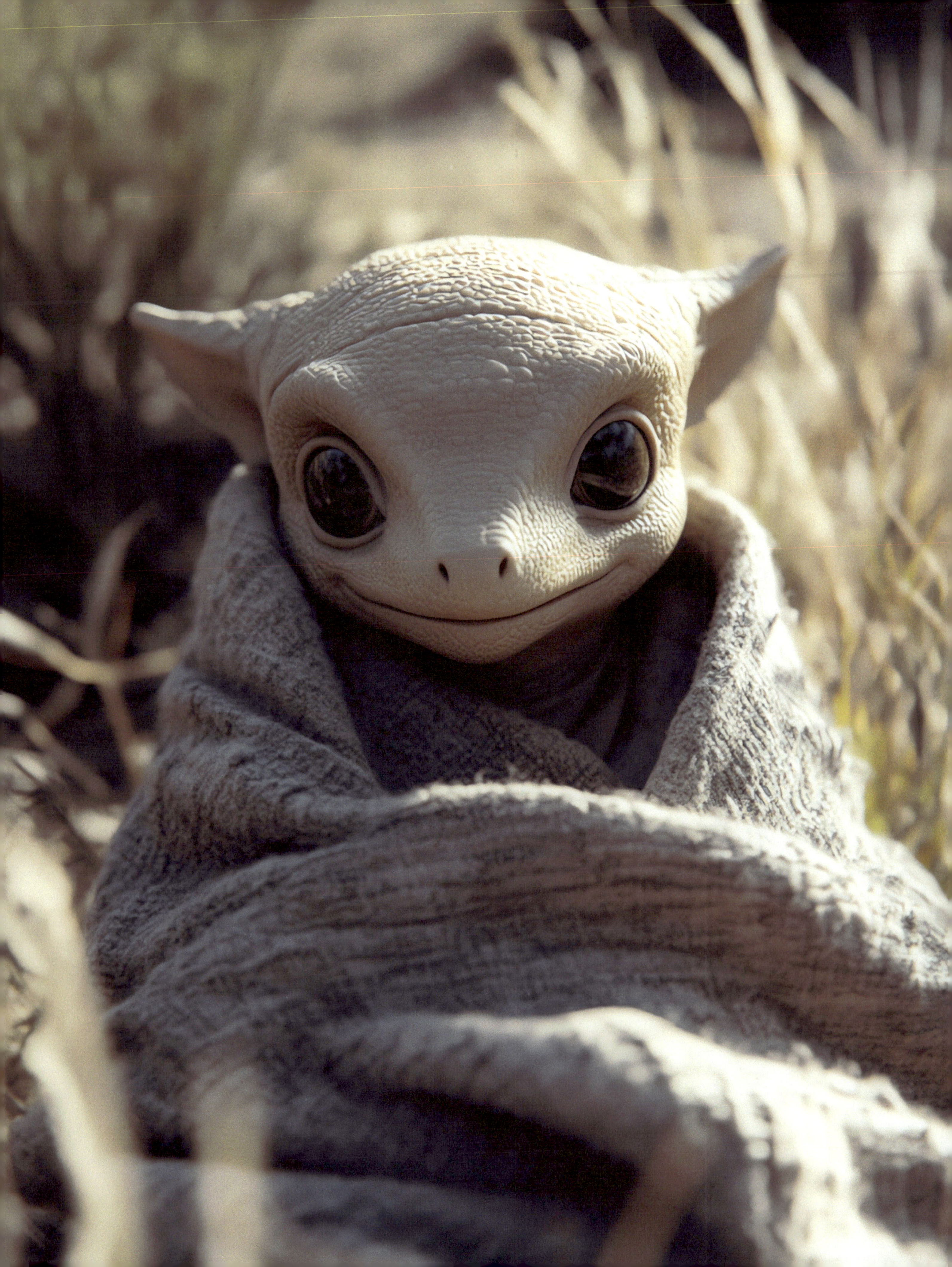

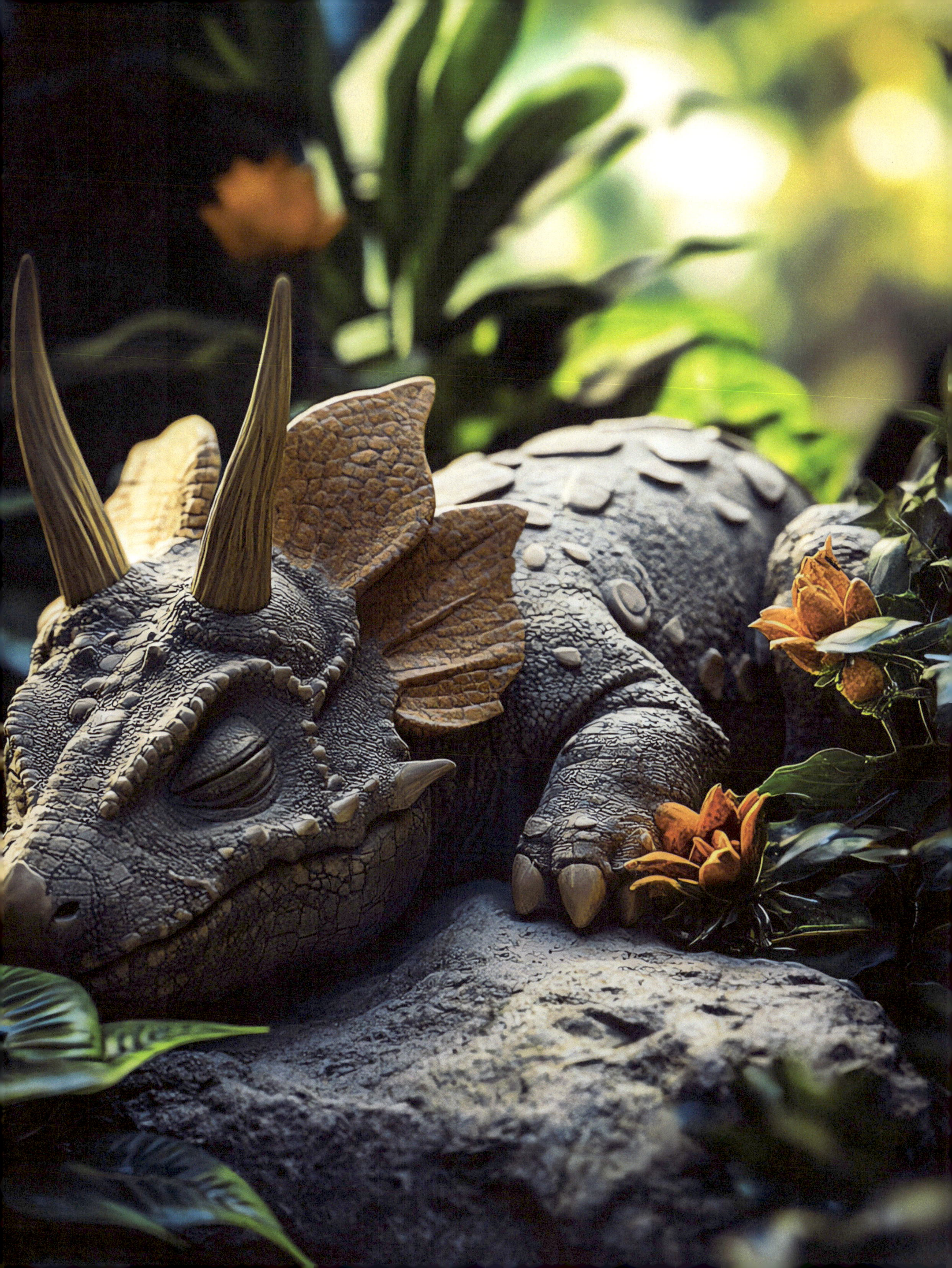

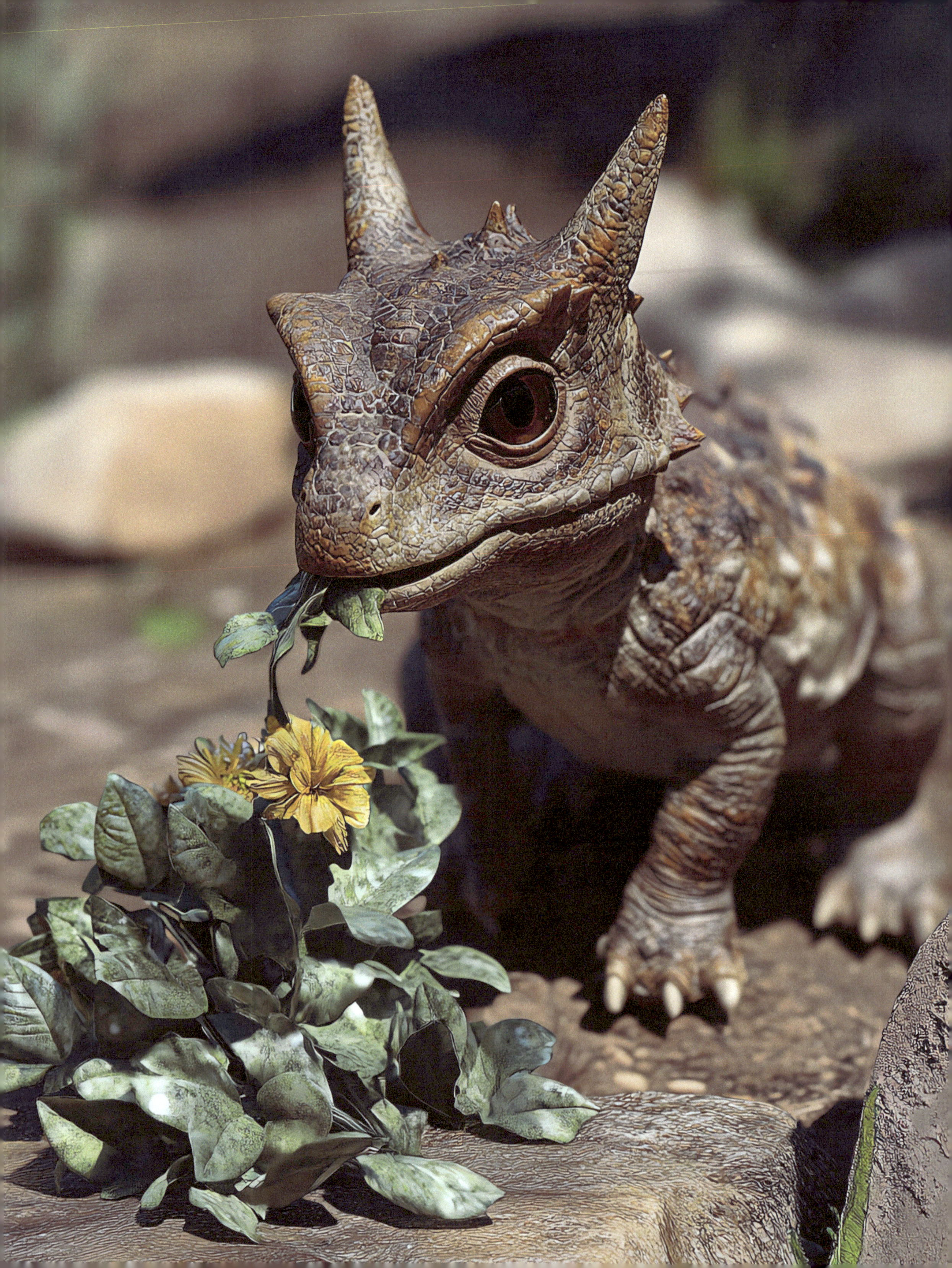

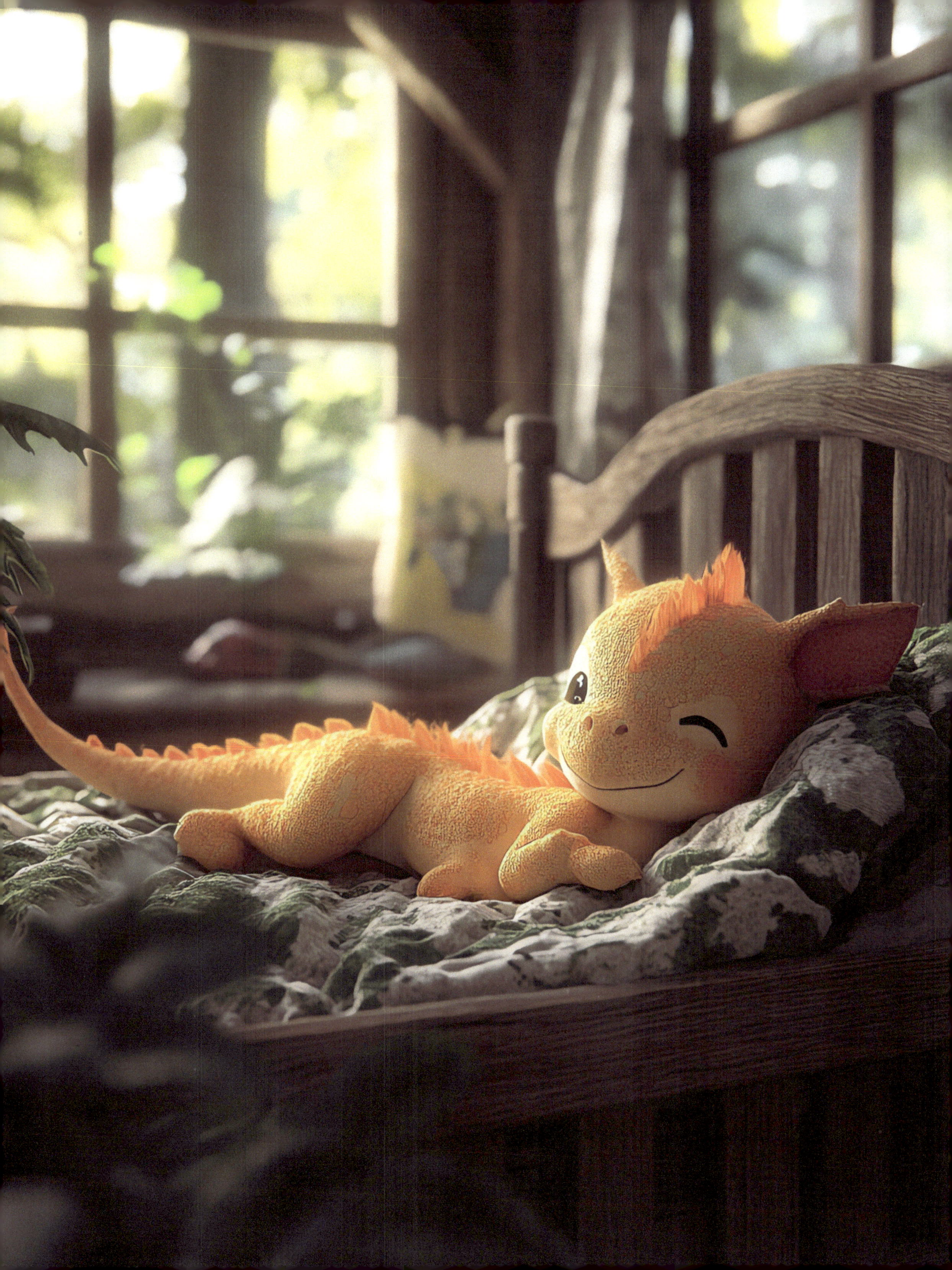

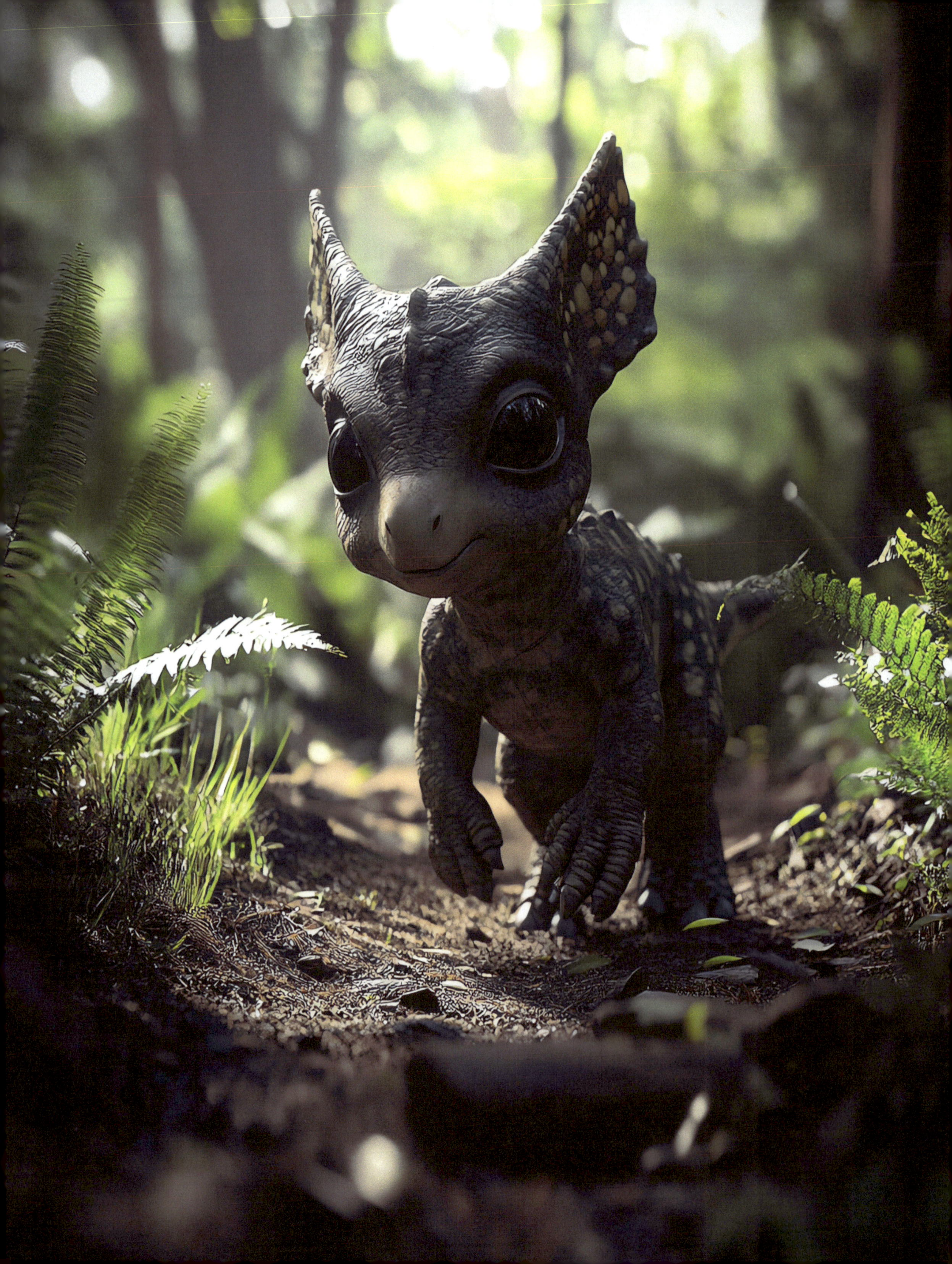

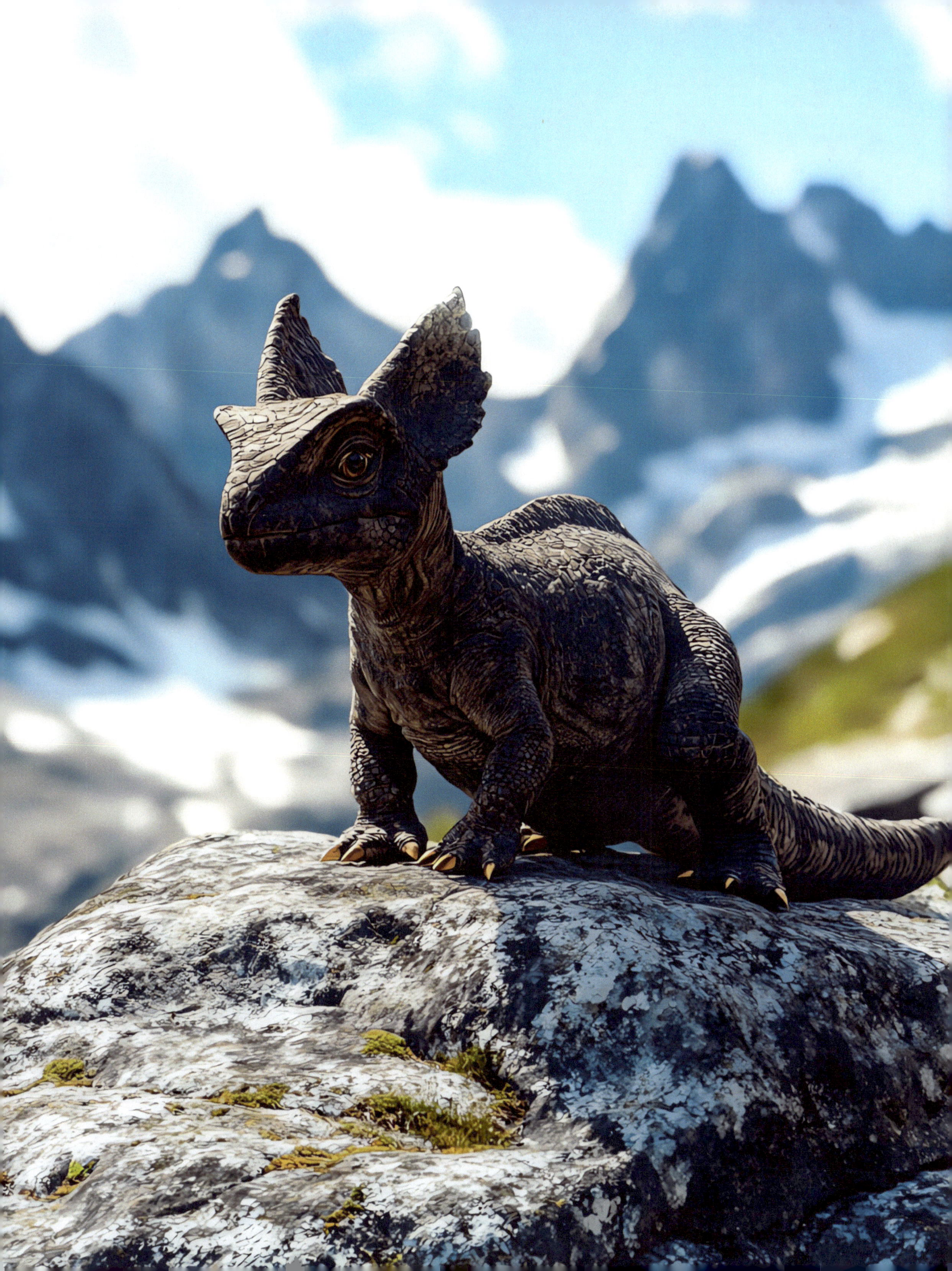

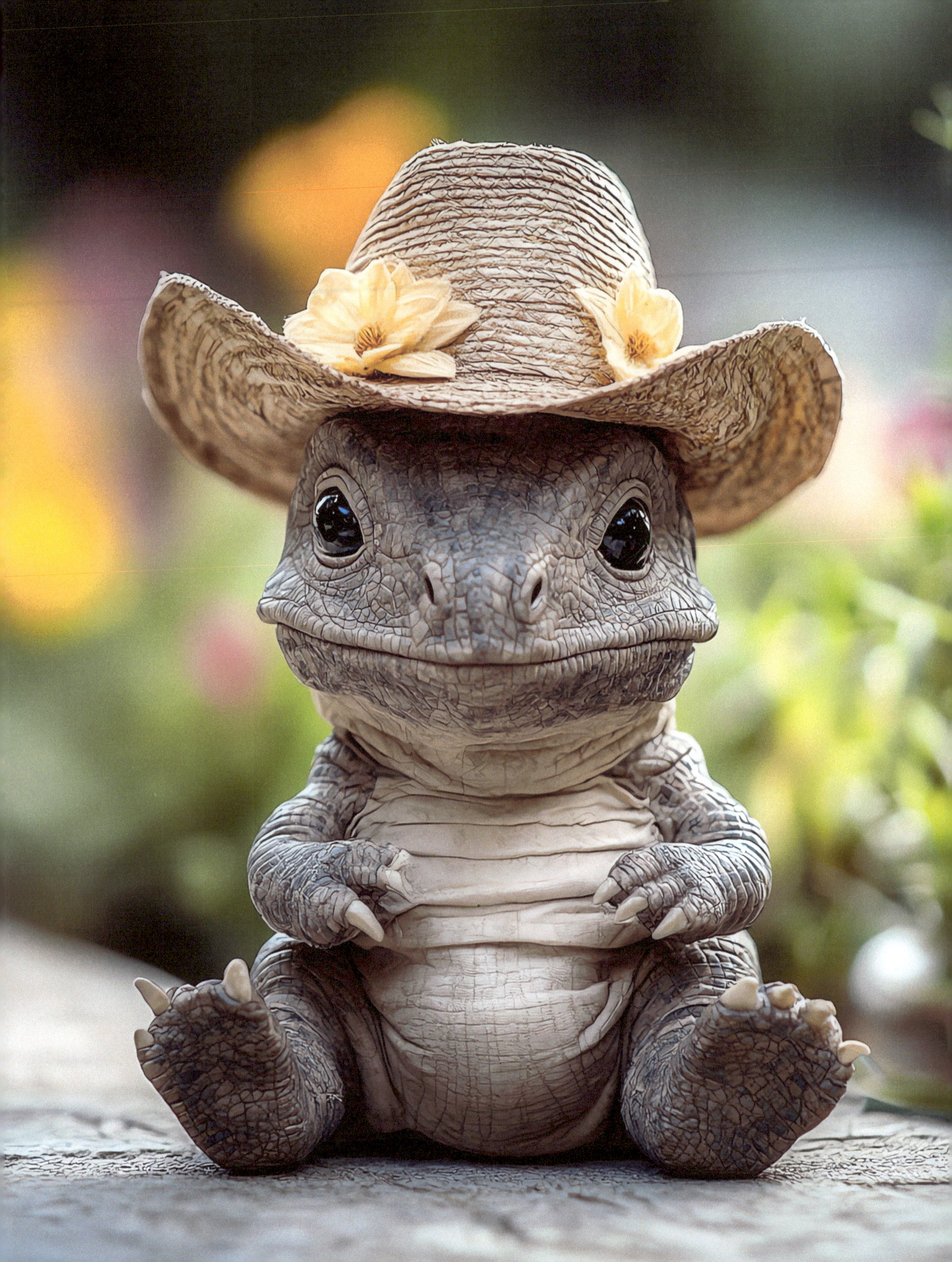

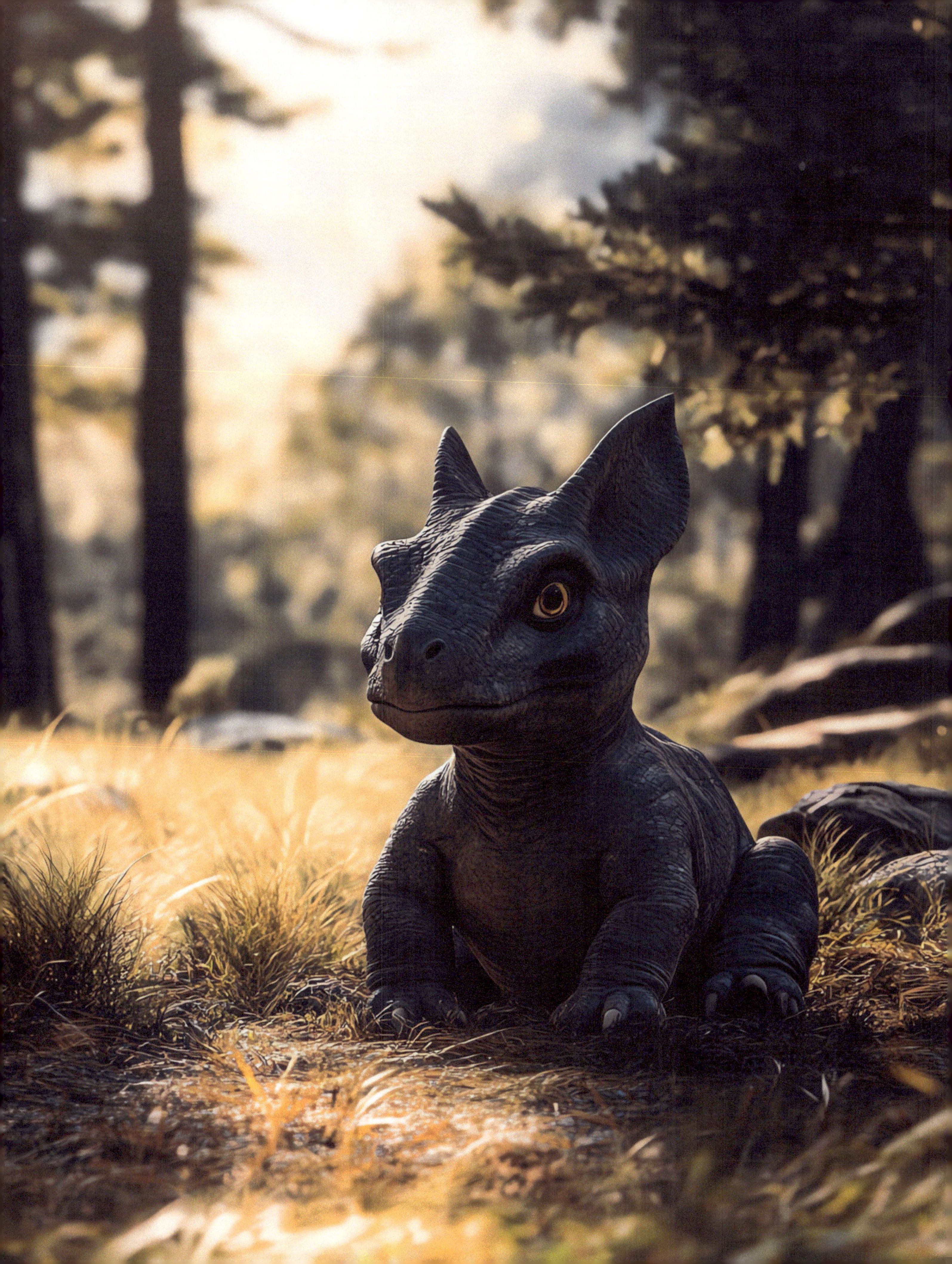

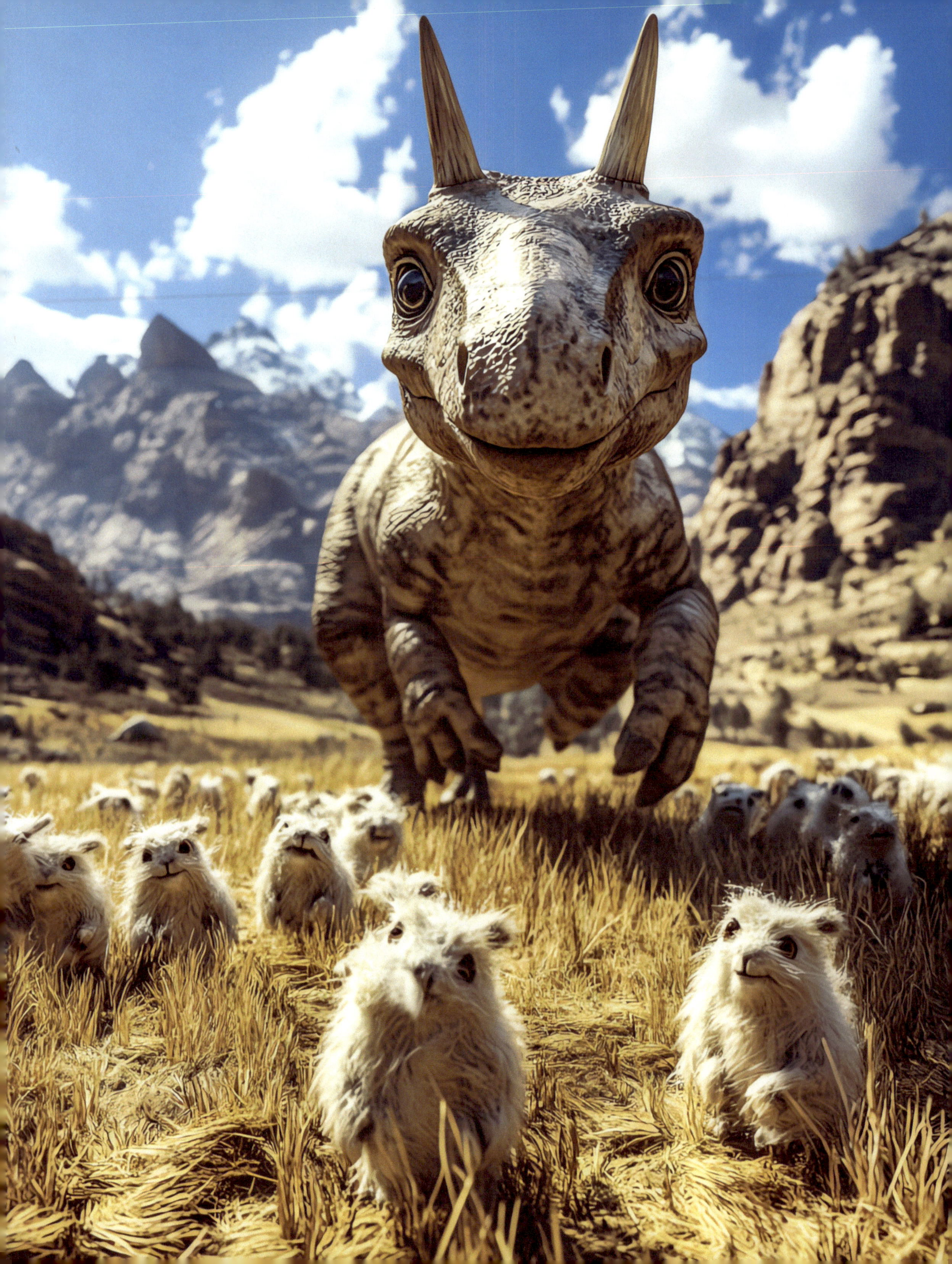